幼儿武术

刘红星 郭剑华 周乐敏 主编

西北大学出版社
·西安·

图书在版编目（CIP）数据

幼儿武术 / 刘红星，郭剑华，周乐敏主编． -- 西安：西北大学出版社，2024.9． -- ISBN 978-7-5604-5498-6

Ⅰ．G613.7

中国国家版本馆CIP数据核字第202452GA78号

幼儿武术
YOUER WUSHU

刘红星　郭剑华　周乐敏　主编

出版发行　西北大学出版社

（西北大学校内　邮编：710069　电话：029-88302621　88303593）

http：//nwupress.nwu.edu.cn　E-mail：xdpress@nwu.edu.cn

经　销	全国新华书店
印　刷	北京厚诚则铭印刷科技有限公司
开　本	787×1092 毫米　1/16
印　张	9
版　次	2024年9月第1版
印　次	2024年9月第1版
字　数	143千字
书　号	ISBN 978-7-5604-5498-6
定　价	68.00元

本版图书如有印装质量问题，请拨打电话029-88302966予以调换。

前　言

中华武术文化源远流长，它不仅是我国传统文化的重要组成部分，还承担着弘扬中华民族自强不息、奋发图强的民族性格和民族精神的重任。如今，中华传统武术作为一种重要的体育教育资源，在学校体育教学中发挥着重要作用。

新时期，我国提出要将体育强国作为体育工作改革和发展的目标与任务，实现从体育大国向体育强国的转变。在这样的背景下，将传统武术文化融入学校体育是学校体育教学改革的一大方向。幼儿园阶段是学生求学生涯的第一阶段，将武术与幼儿体育教育相结合是学校体育教学创新的重要内容。为此，笔者在参考大量书籍的基础上，撰写了《幼儿武术》一书。

本书共有六章内容。第一章对武术进行了系统概述，分别介绍了武术的起源与发展、形式与分类以及武术的特点和作用。第二章从文化内涵的层面对武术进行了分析，具体包括武术的文化特性及其影响、武术礼节与武德修养。第三章是对幼儿武术的总体论述，介绍了幼儿武术的发展概况，并对其基本内容进行了具体分析。第四章到第六章则具体对幼儿武术的教学展开进行了详细论述。其中，第四章主要分析幼儿武术操的教学原则与教学方法。第五章在概述幼儿武术操的创编的基础上，分别对幼儿园小班、中班和大班的武术操实例展开了讲解。第六章则主要对幼儿武术比赛的开展进行阐释，分别对比赛的规则、场地、服装等进行了介绍，最后对幼儿武术运动中常见损伤的预防与处理进行了补充说明。

将传统武术文化作为教学资源与学校体育教学进行融合，需要对其开展系统化、科学化和理论化的研究分析。本书吸收已有的关于学校武术与幼儿武术教学的相关理论和经验，从更加广泛的层面对幼儿武术的理论内容与教学展开了充分的探讨和论述。总的来看，本书主要有以下鲜明特点：

第一，本书内容较为翔实。本书以幼儿武术为主要研究对象，从多个方面展开理论分析，具体包括武术及其文化内涵、幼儿武术的主要内容。从理论内容上看，本书对幼儿武术进行了充分的论述，内容翔实。

第二，本书有一定的指导性。本书探讨幼儿武术教学如何开展，不仅分年龄阶段探讨了幼儿武术教学的原则和方法，还结合幼儿武术操的创编实例分析了大、中、小班幼儿武术操教学的开展，并且结合幼儿武术比赛的相关内容对幼儿武术教学的开展进行了完善，对在实际中开展幼儿武术教学具有很强的指导作用。

本书中的武术技术动作由蒲曾祥、余自强示范，在此表示衷心感谢。另外，本书的编写还参考、引用了一些与幼儿武术教学相关的文献资料，得到了不少同事的热情帮助，在此也一并表示感谢。由于笔者的精力有限，书中难免有遗漏之处，恳请各位专家与广大读者批评指正。

编　者

目 录

第一章 武术概述 ... 1
    第一节 武术的起源与发展 ... 1
    第二节 武术的形式与分类 ... 4
    第三节 武术的特点和作用 ... 10

第二章 武术的文化内涵 ... 17
    第一节 武术的文化特性与影响 ... 17
    第二节 武术礼仪 ... 23
    第三节 武德修养 ... 31

第三章 幼儿武术发展概况与基本内容 ... 37
    第一节 幼儿武术发展概况 ... 37
    第二节 幼儿武术的基本内容 ... 46

第四章 幼儿武术操的教学原则与方法 ... 59
    第一节 幼儿武术操的教学原则 ... 59
    第二节 幼儿武术操的教学方法 ... 65

第五章 幼儿武术操的创编与实例 ... 72
    第一节 幼儿武术操创编概述 ... 72
    第二节 小班幼儿武术操实例 ... 80
    第三节 中班幼儿武术操实例 ... 92
    第四节 大班幼儿武术操实例 ... 104

第六章 幼儿武术比赛 118
第一节 幼儿武术比赛概述 118
第二节 幼儿武术比赛规则 120
第三节 幼儿武术比赛场地及服装 127
第四节 幼儿武术常见运动损伤预防与处理 129

参考文献 136

第一章 武术概述

武术是以技击动作为主要内容，以功法、套路和搏斗为运动形式，注重内外兼修的中国传统体育项目。武术根植于民间，是在长期的历史演进中逐渐形成的一个运动项目。

武术源于人们的生活实践和社会活动，在中华文化的长期熏陶下，它具有鲜明的民族文化特色。中华武术具有多彩的形式、丰富的内容、深邃的文化意蕴，还具有健体、防身、修性、竞技、娱乐等多方面的社会功能，可谓中华民族的文化精粹。武术不仅为广大民众喜闻乐见，而且得到世界上越来越多人的青睐。在其漫长的发展史中，武术一直深受我国传统文化的影响，反过来，武术也反映着中华文化的基本精神，是中国传统文化的重要组成部分。本章将对武术进行简单的概述。

第一节 武术的起源与发展

武术是一门博大精深的文化，它源于原始社会时期，经历了几次兴衰后不断发展壮大。它是东方文化宝库的瑰宝，是在世界文化中闪耀的一颗华夏明珠。

原始社会时期，野兽数量多，自然环境十分恶劣，在"物竞天择，适者生存"的严酷斗争中，人们自然产生了拳打脚踢、指抓掌击、跳跃翻滚一类的初级攻防手段。后来人们又逐渐学会了制作和使用石制或木制的工具，并且创造了一些徒手的或使用器械的搏斗技能，这便是武术的萌芽。考古发现，旧石器时代已出现了尖状石器、石球、石制手斧、骨角加工的矛；到了新石器时代末期，则出现了大量的石斧、石铲、石刀和骨制的鱼叉、箭镞，甚至还有铜钺、铜斧等。这些原始工具和武器就是后来武术器械的前身。原始社会末期，部落战争频繁发生，在战争中，人们远则使用弓箭、投掷器，近则使用棍棒、刀斧、长矛等，凡是能用于搏击的工具都成为战斗的武器。这一时期出现了最早的武术家蚩尤，他发明了多种兵器，其中一部分经演化传承至今。

商周时期，由于青铜业的发展，出现了矛、戈、戟、斧、钺、刀、剑等精良兵器，以及这些器械的运用方法的介绍。当时还有了较量武艺高低的比赛，武技多称"手搏""手格""股肱"等。《史记》记载，夏王桀、殷王武乙和纣王都是徒手生擒猛兽的高手。

春秋战国时期，诸侯纷争，七强图霸，战争频繁。格斗技能在军队和民间得到重视和迅速发展。这时，铁器的出现使武器的种类更加丰富，不仅长短形态多样，而且质量精良，技击性进一步突出。同时，武术的健身作用也受到重视，当时武艺比试已非常普遍且很讲究攻防技巧，出现了进攻、防守、反攻、佯攻等拳术打法。除此以外，已有较为成熟的记载技击理论的书籍，书中甚至提出内外合一、形神兼备的见解。

汉代是武术大发展的时期，宫廷的酒宴中常出现剑舞、刀舞、双戟舞等单人的、对练的或集体演练的武术套路，徒手的拳术表演和比赛也深受统治者的重视。东汉史学家班固在《汉书》中记载，汉哀帝"雅性不好声色，时览下射武戏"。汉代还通过"试弅"（拳技的考试）选拔武职人员。拳术除了"防身杀敌""以立攻守之胜"的实用之术外，还出现了观赏性和健身性的象形舞，如"沐猴舞""狗斗舞""醉舞"，还有"六禽戏""五禽戏"等，这些均可视为早期的象形拳术。这一时期的武术著述也明显增多，仅《汉书·艺文志》就收录《剑道》38篇，《手博》6篇，这些都是论述"攻守之道"的篇章。

唐朝推行"武举制",以考试的办法选拔武艺出众之才,这从政策上促进了民间和官方的练武活动。在隋末就以武功闻名于世的少林寺,在唐武德年间（618—626）因助李世民铲平隋末割据势力获得更高的声望,官府许其自立营盘、演练僧兵,僧徒一度达2000余人,练武之风日盛。

两宋时期,内忧外患,战火频仍,广大人民常结社习武以求自保。例如,"角抵社""英略社""弓箭社"都是比较大的民间习武组织,"十八般武艺"一词也出现于宋代的典籍之中。华岳《翠微北征录》载:"臣闻军器三十有六,而弓为称首;武艺一十有八,而弓为第一。"从这段话中,除了能看出弓箭在征战中的重要性,还可以看出当时的兵器远不止18种。

元代统治者限制民间习武,不少武术家隐姓埋名,习武组织也转为秘密性的民间组织,使武术发展受到极大的限制。

明代是我国武术全面大发展的时代。明太祖朱元璋主张"武官习礼仪,文人学骑射"。因此,明代不但拳法众多,而且器械套路也丰富多彩,开始有势有法,有拳谱歌诀。由于盛行文武全才之风,武术家著书立说达到鼎盛,而且图文并茂,保留了珍贵的武学遗产,为后世研究武术提供了重要依据。据统计,重要的专著有戚继光的《纪效新书》、唐顺之的《武编》、何良臣的《阵纪》、茅元仪的《武备志》等。

清代的武术活动不如明代,但由于武术在民间有了牢固的基础,因此各种流派异彩纷呈。以地区分有南派、北派,以山川分有少林派、武当派,以门类分有太极门、形意门、八卦门、迷踪门,还有长拳类和短打类。流派林立象征着武术事业的兴旺发达,但也存在各派之间缺乏交流不能相互取长补短的不足。

民国时期,随着社会的发展与火器的普遍使用,武术的格斗性减弱,健身作用更为明确,主要以体育运动的形式出现在社会生活之中。

中华人民共和国成立后,党和政府关心人民健康,重视中华优秀传统文化遗产的继承和发展,不仅定期举行武术汇报表演,还在高等师范院校及体育学院开设武术专业,并组织专业人员在继承传统拳术的基础上,广收众家之长,整理出简化太极拳、中长拳、初级长拳以及器械套路。这些措施极大地推动了武术的普及和研究工作,使武术运动得以延续。不论城市还是乡村,群众性的武术运动都得到广泛推广。特别是近年来,武术套路在技风格上、结构布局上、质量和难度上，都有了很大的提高，还出现了集体比赛的项目，这是武术发展史上的新成果。

第二节 武术的形式与分类

根据武术的运动形式，可将其分为套路运动和搏斗运动；根据武术的教育功能和社会功能，可将其分为学校武术、竞技武术和健身武术。

一、套路运动和搏斗运动

套路运动是以技击动作为素材，遵照攻守进退、动静疾徐、刚柔虚实矛盾运动规律编成的以技击为素材的整套练习形式。套路运动有规定套路、传统套路、长拳自选套路、普及性套路、教学套路等类型，按照演练形式的不同又分为单练、对练和集体演练三种形式。其中单练又包括拳术和器械两部分，对练包括徒手对练、器械对练、徒手与器械对练三部分。

（一）套路运动

1. 单练

（1）拳术

徒手演练的套路运动称为拳术，拳术中又包含许多不同的种类，称为拳种。主要的拳种有长拳、太极拳、南拳、形意拳、八卦掌、八极拳、通背拳、劈挂拳、翻子拳、地躺拳、象形拳等。

①长拳。长拳即传统北派武术中的部分拳术，如查拳、华拳、炮拳、红拳均属长拳之列。现代新编国标武术中，长拳是中华人民共和国成立后发展起来的一个拳种，在武术运动中影响较大，有广泛的群众基础。国标武术长拳吸取了诸拳种之长，把长拳类的手法、手形、步法、步形、腿法、平衡、

跳跃等动作规格化，按照长拳运动方法编成各种拳法套路。它的特点是姿势舒展大方，动作灵活快速，出手长，跳得高，蹦得远，刚柔相济，快慢相间，节奏分明。长拳适合青少年练习。从编排上看，它既有适合基础训练的一面，又有适合竞赛、提高的一面，因此是全国武术表演和比赛项目之一。长拳具体包括拳、掌、勾三种手形，弓、马、仆、虚、歇五种步形，还有一定数量的肘法和伸屈、直摆、扫转、击响等不同组别的腿法以及平衡、跳跃、跌仆、滚翻动作。

②太极拳。太极拳是一种柔和、缓慢、连贯、灵活的拳术，它以掤、捋、挤、按、采、挒、肘、靠、进、退、顾、盼、定为基本运动方法（亦称太极十三势），在国内外广为流行。太极拳以健身养性为主要目的，也是竞赛项目。传统的太极拳有陈式、杨式、吴式、孙式、武式等流派。

③南拳。南拳又称南方拳，是明代以来流行于南方的拳种的总称。作为南少林拳与我国南方各地拳种相结合的产物，南拳技术套路繁多。由于历史悠久，再加上师承关系的演变，南拳形成了多种打法，但多数仍具有共同点，即短小精悍，结构紧凑，动作朴实，手法多变，短手连打，步法稳健，攻击勇猛，常伴以助威声，技击性强。南拳讲究桩功，以练坐桩为主，辅以丁桩、跪桩等，此外还有炼药手、打沙袋、铁砂掌、点穴功、童子功、罗汉功、青龙功、排打功等。

④形意拳。形意拳，又称行意拳，中国传统拳术之一。虽然起源说法不一，但广泛认可的创始人是明末清初山西蒲州人（今永济市）姬际可。形意拳创立之初叫心意六合拳，即心与意合、意与气合、气与力合、肩与胯合、肘与膝合、手与足合。现行流传的形意拳为道光年间河北深州人李洛能在心意拳的基础上改革创立而成。形意拳讲究内与外的高度统一。

⑤八卦掌。八卦掌，又称游身八卦掌、八卦连环掌，是一种以掌法变换和行步走转为主的中国传统拳术。它是中国传统武术中的著名拳种之一，流传很广。八卦掌有五大流派，由河北省廊坊市文安人董海川创于清末。

⑥八极拳。八极拳的"八极"一词原为古地理概念，源于汉《淮南子·坠形训》"天地之间，九州八极"。如今的武术中的"八极"一词，意为"发劲可达四面八方、极远之地"。八极拳属于短打拳法，其动作普遍具有刚猛、朴实无华且发力迅猛的风格，在技击手法上讲求寸截寸拿、硬打硬

开，真正具有一般所述挨、帮、挤、靠、崩、撼之特点。八极拳发力于脚跟，行于腰际，贯于指尖，故爆发力极强、极富技击之特色，大有"晃膀撞天倒，跺脚震九州"之势，因此中国传统武术界素有"文有太极安天下，武有八极定乾坤"之说。

⑦通背拳。通背拳流派繁多，起源不一，流传于北京、天津一带的通背拳，相传为清末河北省廊坊市霸州人祁信所创。祁家本以杆法见长，遇河南人马先生精于拳技，便以杆法换学拳技，后又遇赵先生擅刀法，遂刀杆互换，形成了祁门特有的"十二连杆法""八步十三刀法""一百零八单操手法"，祁家通背拳自此闻名于江湖。

⑧劈挂拳。劈挂拳是典型的长击远打类的传统拳种，是传统武术百花园中的一朵奇葩，声名远播。劈挂拳古称披挂拳，亦名抹面拳，因多用掌，故而又称劈挂掌，擅长中、远距离克敌制胜，讲究放长击远。它将中国武术"一寸长、一长强"的技击理论发挥得淋漓尽致，对于技击空间的控制，讲究远则长击，近则抽打，可收可放，可长可短。劈挂拳发展至今，技术体系完善，内容丰富多彩，拳械全面，不愧为中华武术的瑰宝。

⑨翻子拳。翻子拳历史悠久，明代戚继光在其所著《纪效新书·拳经捷要》中谈到翻子拳时说它是"善之善者也"，可谓推崇备至。他编著的三十二式中吸取了翻子拳的招法，并有数式流传至今，如"当头炮""拗弯肘""顺弯肘""旗鼓势"等。翻子拳俗称为"八闪十二翻"，实际上是出自戚继光《纪效新书·拳经捷要》中的"八闪十二短"。

⑩地躺拳。地躺拳又称地功拳、八折拳、地趟拳，因其多用滚、跌而得名。其起源传说有二，称与醉拳同源，地躺拳只吸取了其中的摔跌法，这一说法源于明代。《纪效新书·拳经捷要》载："山东李半天之腿，鹰爪王之拿，千跌张之跌……皆今之有名者。"《纪效新书·拳经捷要》三十三式中又有"抢背卧牛双倒""打滚""后靠跌"等多处有关"滚、跌"拳法的记载。当时有名的腿功、跌法大都保留在后世地躺拳的套路中。

⑪象形拳。象形拳是一种模拟各种动物的特长和形态，以及表现人物搏斗形象和生活形象的拳术，主要有猴拳、鹰爪拳、蛇拳、螳螂拳、醉拳、鸭形拳以及八仙醉酒、鲁智深醉跌、武松脱铐等。象形拳分象形和取意两种，象形以模仿动物和人物的形态为主，没有或很少有技击的动作；取意则以模仿动物的搏击特长为主，以此来充实技击动作的内容。

（2）器械

器械种类繁多，分为短器械、长器械、双器械、软器械四类。短器械主要有刀、剑、匕首等；长器械主要有棍、枪、大刀等；双器械主要有双刀、双剑、双钩、双枪、双鞭等；软器械主要有三节棍、九节鞭、绳镖、流星锤等。下面介绍四种主要的单练器械项目。

①剑术。剑产生于商代，它以刺、点、撩、挂、截、穿、崩、挑等剑法，配合步形、步法、平衡、跳跃等动作构成套路。其运动特点是轻灵洒脱，身法矫健，刚柔相济，富有韵律。

②刀术。据考证，旧石器时代晚期已出现了石刀。武术中的刀术以劈、砍、斩、撩、扎等基本刀法配合步形、步法、跳跃等动作构成套路。其运动特点是快速勇猛，激烈奔腾，紧密缠身，雄健剽悍。

③枪术。枪属武术中的长器械，是古兵器之一，由棍与矛演化而来。它以拦、拿、扎枪为主，兼有崩、点、劈、穿、挑等枪法，配合步形、步法、身法等构成套路。其运动特点是走势舒展，力贯枪尖，上下翻飞，变幻莫测。

④棍术。棍术以劈、扫、抡、戳、撩、挑等棍法配合步形、步法、跳跃等构成套路。其运动特点是勇敢泼辣，横打一片，密集如雨，梢把并用。

2. 对练

对练是两个人或两个人以上，按照预定的动作程序进行攻防格斗的套路。

（1）徒手对练

徒手对练是运用踢、打、摔、拿等技击方法，按照进攻、防守、还击的运动规律编成的拳术对练套路。常见的有对打拳、对擒拿、南拳对练、形意拳对练等。

（2）器械对练

器械对练是以器械的劈、砍、击、刺、格、挡、架、截等攻防技击方法组成的对练套路。主要有短器械对练、长器械对练、长与短对练、单与双对练、单与软对练、双与软对练等诸多形式。常见的有单刀进枪、三节棍进棍、双匕首进枪、双打棍、对刺剑、对劈刀等。

（3）徒手与器械对练

徒手与器械对练是一方徒手，另一方持器械，双方进行攻防对练的套路。常见的有空手夺刀、空手夺棍、空手进双枪等。

3. 集体演练

集体进行的徒手的、器械的、徒手与器械结合的套路练习称为集体演练，有集体基本功、集体拳、集体刀、集体长穗剑、集体攻防技术等。集体演练中可以变换队形图案，还可以配乐演练，不过要求队形整齐，动作一致。

（二）搏斗运动

搏斗运动是两人在一定条件下，按照一定的规则斗智角力的对抗练习形式，包括散打、太极推手和短兵三项。目前在全国广泛开展的有散打、太极推手等武术运动。

1. 散打

散打是两人按照一定的规则，使用踢、打、摔等技术方法克敌制胜的竞技项目。

2. 太极推手

太极推手是两人按照一定的规则，使用掤、捋、挤、按、采、挒、肘等手法，双方肢体粘连，通过肌肉感觉来判断对方的用劲，然后借力打力将对方推出界外或使之倒地以决胜负的竞技项目。

3. 短兵

短兵是两人手持一种用藤、皮、棉制作的短棒似的器械，在160寸直径的圆形场地内，按照一定的规则使用劈、砍、刺、崩、点、斩等方法以决胜负的竞技项目。

二、学校武术、竞技武术和健身武术

（一）学校武术

学校武术侧重体现武术的教育功能，其目的是使学生通过武术锻炼增强体质，同时了解中华优秀传统文化，增强文化自信。

中华人民共和国成立后，武术成为社会主义体育事业的重要组成部分。党和政府十分重视民族传统体育的开展和推广，使武术得到蓬勃发展。在国家体育总局和中国武术协会的领导下，各省、自治区、直辖市建立了武术协会、武术馆、研究会、辅导站、业余体校武术班等，这些都是传授武术技能的地方。武术教育发展的重要标志是武术作为体育教学科目走进各级各类学校，特别是普通大、中、小学。目前，普通大、中、小学开展的武术教学有长拳类的少年拳、青年拳、刀术、剑术、枪术、棍术以及各种健身功法等。另外，军事院校、公安学校有以擒拿格斗、散打为重点的武术套路和攻防格斗技术。

（二）竞技武术

竞技武术以创造优异的运动成绩为主要目的。中华人民共和国成立后，国家在这方面做了大量的工作，如竞赛体制的建立、竞赛规则的制定、裁判法的研究与实施、竞赛规定套路的创编、推广和使用。特别是针对武术中流行最广、最具代表性的长拳、南拳、太极拳以及刀、剑、枪、棍等项目进行改造，使之成为能够进行比赛的竞赛项目，这是武术竞赛史上前所未有的创新之举。近年来，又创编、推广了传统拳术如形意拳、八卦掌等竞赛的规定套路，以及推出了国际武术竞赛套路，这些竞技武术与学校武术相比有层次上的不同，存在着初级与高级之分，简单与复杂之别。竞技武术的套路在动作数量、动作组别、技术难度、编排布局上均有特定要求，所以与学校武术存在明显的区别。同时竞技武术还包括按规则进行比赛的散打、太极推手、短兵等对抗性运动。

（三）健身武术

健身武术是指除学校武术、竞技武术以外的流行于民间的那些源流有序、拳理明晰、风格独特、自成体系的传统武术。这些传统武术包括拳术、器械、练功方法、对练以及攻防实战技术，也包括以健身为目的的新编健身套路。我国人民自古以来就将武术作为健体强身、防身自卫、保家卫国、娱乐身心的方法和手段。在现代快节奏以及和平安定的生活环境中，把武术作为健身方法和手段已成为人们生活的一大习惯。

我国自1983—1986年连续三年进行了全国范围内的与武术有关的挖掘整理工作，结果表明，源流有序、拳理明晰、风格独特、自成体系的拳种就有129个，参加健身武术活动的约6000万人，占了国家体育总局统计的体育总人口的一半，可见传统武术最突出的功能就是它的健身功能。这一功能和它产生的效应不可低估，如推广健身武术是落实我国"全民健身计划"的重要内容和有效途径之一。随着我国经济的快速发展，人民生活水平日益提高，以武术作为健身手段的人越来越多。另外，现在成千上万的外国人学练中国武术，大多也是为了健身。

第三节　武术的特点和作用

一、武术的特点

武术的技击属性和传统文化属性使武术区别于其他体育项目，具体有以下七个特点。

（一）内外合一、形神兼备

既讲究形体规范，又追求精神传意、内外合一的整体观，是中国武术的一大特色。所谓"内"，是指心、神、意、气等心神活动和气息的运行；所谓"外"，即手、眼、身、步等外在的形体活动。内与外、形与神是相互联系的统一整体。武术"内外合一，形神兼备"的特点主要通过武术功法和技法来体现。"内练精气神，外练筋骨皮"是各家各派练功的准则。由于武术动作是从格斗攻防技术中提炼出来的，因此要求手到眼到，手眼紧密配合；手脚相随，上下协调；意领身随，以气催力；意识、呼吸、动作必须内外合一；动作快速有力，静则稳如磐石，动则有韵律、节奏鲜明。

（二）广泛的适应性

武术的练习形式、内容等丰富多样，有竞技对抗性的散打、短兵，有适合演练的各种拳术、器械和对练，还有与其相适应的各种练功方法。不同的拳种和器械有不同的动作结构、技术要求、运动风格和运动量，分别满足不同年龄、性别、体质的人的需求，人们可以根据自己的条件和兴趣爱好选择性地练习。同时，它对场地器材的要求较低，俗称"拳打卧牛之地"，武术爱好者可以根据场地的大小变换练习内容和方式，即使一时没有器械，也可以徒手练拳、练功。一般来说，武术练习受时间、季节的限制也很小，较之不少体育运动项目具有更为广泛的适应性。

（三）技击性

探讨武术的技击性，首先应该明确何为技击。从史料分析来看，技击一词源远流长，其最早出现于《荀子·议兵》"齐人隆技击"一句中，注释写道："齐人以勇力击斩敌者，号为技击。"《汉书·刑法志》记载："齐愍以技击强，魏惠以武卒奋，秦昭以锐士胜。"武术理论现代化已经进行了百余年，随着人们认识的提高和眼界的开阔，技击的概念也经历了多次变革，但至今仍无广泛且统一的定义。简单来说，技击本质上就是一种以器械或身体为工具，在近身攻防格斗中，克敌制胜的格斗能力或技巧。技击的雏形即劳动人民在捕猎、对决和战斗等活动中展现的搏斗技巧。随着生产力的提高，技击家逐渐有了独立传承、实践和总结经验的生存空间，且因受到客观环境与文化思想的影响，各自创造了具有独特技击技术和传承形式的诸多武术运动种类。

从中国武术发展的历史来看，武术有技击运动和套路运动两种表现形式。技击运动为散手和推手等对抗性项目，着重实用，有明显的攻防技击特点；套路运动则讲究表演艺术效果，追求美感，但两者都是以体现武术的根本特征技击性为目的。

武术的技击方法门类繁多，博大精深，中国武术的竞技特征已越来越多地为国际武坛有识之士所认同。

（四）健身性

人们从事武术练习，一般来说，是把健身、实用技击等作为主要目的。中国武术是一种身体运动形式，建立在传统医学——中医学的基础之上。

武术套路运动包含着屈伸、回环、平衡、跳跃、翻腾、跌仆等动作，人体各部位几乎都要参与运动。武术运动对外能利关节、强筋骨、壮体魄，对内能理脏腑、通经脉、调精神，对调养气血、改善人体机能、强身健体十分有益。

中国武术是以中医的阴阳五行说、经络学说、脏象学说等基本理论为生理学依据的。中医理论认为，人之一身，"精、气、神"为三宝，"精盈则气盛，气盛则神全，神全则身健；精生于气，气化于精，精化于气，气化于神"。武术练功不仅重视内在的"精、气、神"的锻炼，而且强调以内形于外、重视外在的攻防技击动作的演练，达到内外兼修、强身健体的健身效果。

研究表明，武术运动的确有强身健体的特殊功效。各个门派的武术都有健体、防身、修身养性、娱乐观赏等多方面作用，是人们增强体质、振奋精神的一种好手段。武术讲究周身协调，气血通畅，阴阳平衡，以意领行，导引经络，气贯全身，身形合一，它有助于神经系统和内脏器官状态的调整。武术还讲究轻松自然，对于消除精神紧张，提高人们对环境的适应能力有特殊的功效。另外，武术讲究呼吸的频率和深浅，对调节呼吸，保护内脏，提高代谢功能，也有明显的功效。武术运动的特点决定了它在健身方面具有其他运动项目所没有的优势——功能全。

中国武术具有深厚的文化底蕴，自古以来就与传统文化息息相关、共同发展，经过几千年的演变与沉淀造就了其鲜明的民族特色与文化内涵，成为中华优秀传统文化的重要组成部分，受到世界各地人民的喜爱，并对世界体育文化产生了深远的影响。

20世纪七八十年代，中国功夫系列电影受到世界各地人民的喜爱和追捧，中国功夫也因此被无数外国朋友所熟知，世界各地的武术馆、武术交流会等组织也应运而生，各国掀起了一股功夫热，为中国武术发扬光大奠定了良好的基础。

（五）娱乐性

武术的娱乐价值是指主体（人）的娱乐需求通过客体（武术）得到满足，是以娱乐为纽带的一种利益关系。随着时代的进步，我国全面步入小康社会，人们在物质生活方面得到满足之后，就开始追求精神生活的享受，休闲娱乐就被纳入人们的生活之中。而武术本身所蕴含的娱乐价值与当今人们所需要的休闲娱乐需求达到了完美的契合，鉴于此，各级政府要把握武术文化的娱乐性特征，加快武术的发展步伐，从而促进武术与现代社会的融合，推动武术的可持续发展。武术的娱乐性主要包括两方面：一是人们从习武中获得身心的愉悦；二是人们从对武术的观赏中获得艺术的享受，如武术与戏曲、舞蹈、杂技、文学、影视等文艺形式的结合表演，均给人们留下深刻的、精彩的印象。

随着近代科技与文化的发展，人们娱乐的方式越来越多，也越来越新奇，因而通过武术自娱的日渐减少，不过以武术的观赏为娱乐目的的情况，则随着现代生活方式的演变及人们对武术的健体、防身价值认识的提高而大为增多。这种由个体向群体、由封闭向开放发展的趋势，也很有利于把中国武术推向世界。

（六）民族性

中国武术同时蕴含丰富的中华民族传统伦理观念。竞技武术研究的是制敌取胜之法，要格斗搏击，难以避免暴力因素，但中国武术有着鲜明的伦理特色，形成重传统、重经验、尊师爱徒的人伦观念，处处表现着我国礼仪之邦的大国形象。

中国武术是中华传统文化的产物，有着独具一格的民族特色，是经过历史选择的优秀的精神产物，具体表现为物化在身体上的拳脚攻防动作程式和物化为动作程式的记录符号。通过武术符号的传播，进行纵向和横向的辐射，进而开发和利用自然力，以满足自身的生存与发展，这就是武术文化的实质。

（七）开放兼容性

中华传统文化兼收并蓄、博采众长，而根植于这片沃土的中国武术文化，也表现出了兼容姿态与博大开放的胸怀。少林武术作为中国武术文化的杰出代表，形成于距今1500余年的北魏时期。少林武术以禅学文化为主导，经过长期的发展，终成为独具一格的武术流派。《少林寺志》记载，五代十国时，少林寺高僧福居曾邀请十八家武术大师到少林寺演练三年，各取所长，汇成《少林拳谱》。

少林寺能取得这样的地位，还与其主动迎合时代的变迁有直接的关系，从隋朝末年少林寺十三棍僧助唐军，到明代诸僧参与抵御东南沿海倭寇边患的行动等，这些行动使少林寺扬名立万、大显身手，于朝野上下广受褒扬。到了清代，康熙皇帝曾亲自为其匾额赐书"少林寺"。

从少林武术的形成和发展中，不难看出中国武术的宽容开放的文化特征，正是因为有了这种开放与兼容，中国武术才成就了今天的不凡建树。

二、武术的作用

武术具有强身健体、防身自卫、修身养性、娱乐身心等方面的作用，是增强全民体质、振奋民族精神的有效手段之一。

（一）提高素质，健身强体

武术套路运动，其动作包含着屈伸、回环、平衡、跳跃、翻腾、跌仆等。系统地进行武术训练，对人体的速度、力量、灵巧性、耐力、柔韧性等素质要求较高，人体各部位几乎都参与运动，使人的身心都得到全面锻炼。武术运动讲究调息行气和意念活动，对调节身体内在环境的平衡、调养气血、改善人体机能、健体强身十分有益。实践证明，武术对外能利关节、强筋骨、壮体魄；对内能理肺腑、通经脉、调精神。小朋友通过系统训练，可提高关节稳固性、灵活性和肌肉弹性，调理各内脏器官的功能，增强抵抗能力和免疫力。

（二）磨炼意志，培养品德

练武对意志品质的考验是多面的。练习基本功，要不断克服疼痛关，要经历"冬练三九、夏练三伏"，能培养坚持不懈的意志品质；练习套路要克服枯燥关，能培养刻苦耐劳、砥砺精进、永不自满的品质；遇到强手能锻炼勇敢无畏、坚韧不屈的战斗意志。经过长期锻炼，人们可以培养勤奋、刻苦、果敢、顽强、虚心好学、勇于进取的良好习性和意志品德。另外，"未曾学艺先学礼，未曾习武先习德""尚武崇德"是流传几千年的武术文化。作为一名习武者，从小就应该树立远大的理想，培养坚强的意志和高尚的品德，把武德放在第一位，按照武德要求进行自我修炼、自我教育，不断提升自我的道德修养。

（三）竞技观赏，丰富生活

武术具有很高的观赏价值，无论是套路表演还是散打比赛，历来为人们所喜闻乐见。汉代举行打擂台活动，"三百里内皆来观"；唐代大诗人李白赞崔宗之舞剑"起舞拂长剑，四座皆扬眉"；杜甫在观公孙大娘弟子舞剑后写下"昔有佳人公孙氏，一舞剑器动四方。观者如山色沮丧，天地为之久低昂。"的名句。这都说明无论是显现武术功力与技巧的竞赛表演套路，还是斗智斗勇的对抗性散打比赛，都会引人入胜，给人以美的享受。

（四）交流技艺，增进友谊

武术运动蕴含丰富，技理相通，入门之后会有"艺无止境"的感觉。群众性的武术活动则成为人们切磋技艺、交流思想、增进友谊的良好手段。随着武术在世界范围内广泛传播，它还促进海内外武术爱好者的交流。许多国家的武术爱好者喜爱武术套路，也喜爱武术散打，他们通过练武了解中国文化，探求东方的文明。武术通过体育竞赛、文化交流等途径，在我国与世界各国友好交往中发挥着越来越大的作用。

（五）改变精神面貌

武术运动特别强调"手眼身法步，精神气力功"的修炼，它的每一个动静起落、站立转折、轻重缓急都要经过千锤百炼，才能达到炉火纯青的地步。刚柔相济、转折起伏、蹦蹦跳跃、闪展腾挪、英姿飒爽，充分体现了武术迷人的魅力。坐如钟、站如松、立如钉、行如风，是一个优秀习武者必备的素质。小朋友通过练习武术，可以培养良好的气质神态、大方得体的举止。

（六）开发智力

练习武术可以给大脑许多良好的刺激，开发智力。武术练习不单有利于骨骼肌肉的发育，更有利于空间感知、经验、类型、识别等右脑功能的综合发挥，因此非常有利于开发幼儿的智力，发展幼儿的形象思维和创造力。

（七）知礼、育心

武术练习者把"礼"也作为训练内容，强调"礼始礼终"，主要表现为通过向长辈、评委、教练、老师、队友行抱拳礼，养成发自内心的行礼习惯，以及恭敬、谦虚、友好、忍让的态度和互相学习的作风。

（八）增强自信

一些小朋友性格内向、不会沟通，通过练习武术，可以看到他们的自信心明显增强了，性格也变得活泼开朗许多，这对于儿童的成长来说是至关重要的。

总的来说，武术训练不仅对身体素质有好处，而且对幼儿智力的提高和身体发育有益。通过专业的、科学的武术训练，可使幼儿体质强健，发育均衡，从而整体提高幼儿的身体素质，也能有效地提高其大脑的反应能力，使身体的协调性、灵活性、柔韧性得到良好的发展，同时还能培养他们吃苦耐劳、团结友爱、相互帮助的集体观念。此外，除了让幼儿在日常生活中坐、立、行更有气质，还有助于培养幼儿积极、勇敢、充实、乐观、健康向上的人生态度。

第二章　武术的文化内涵

传统武术在中华民族几千年的发展过程中，形成了丰富的文化，带有浓厚的中国传统文化色彩。对武术文化内涵的全面了解，是探讨幼儿武术的重要基础。因此，本章围绕武术文化内涵展开，对武术的文化特性与影响、武术礼仪及武德修养进行了论述。

第一节　武术的文化特性与影响

一、中国武术的文化特性

中国武术作为中华民族传统文化的一个有机组成部分和独特表现形式，不仅与中国的古典哲学、政治伦理、军事思想、文化艺术、医学理论、社会习俗等相互联系、相互作用，共同组成了绚丽多姿的中国文化整体，而且从侧面反映出整个中国文化的基本特征。武术的文化特性主要体现在其哲理方面。

中国武术博大精深，蕴含着丰富而深刻的哲学思想。中国武术的主流观点包括天人合一观、道与气和知行合一等，其理论基础是阴阳、五行、八卦等中国传统哲学。丰富的哲学思想孕育出多种派别的中国武术，如太极拳、峨眉剑术、形意拳、少林功夫，以及近当代的咏春拳等，无不蕴含着中国传统哲学的精髓。

中国武术，泛指中华民族在日常生活中结合哲学、中医学、伦理学、兵学、美学等多种传统文化观念，创造的注重内外兼修、独具民族风貌的武术文化体系。

天人合一是武术修行的基本思想。中国武术讲究"形神兼备""内外兼修""心者身之王，身者心之躯"，在和谐统一中得以平衡。杨氏太极拳老谱《太极阴阳颠倒解》中写道："苟能参天察地，与日月合其明，与五岳四渎华朽，与四时之错行，与草木并枯荣，明鬼神之吉凶，知人事之兴衰，则可言乾坤为一大天地，人为一小天地也。"

阴阳变化是武术拳理的理论基础。《易经·系辞上》中说道："一阴一阳之谓道。"古人将阴阳看成宇宙运动的根本规律和最高法则，并以阴阳为基础建立起了一个完整的哲学体系。阴阳学说认为事物的相互运动和相互作用是一切事物运动变化的根源。古人把这种不断的运动变化叫作"生生不息"。

阴阳辩证理论被广泛地运用于各个拳种、门派的武术理论中，并由阴阳观念衍生出一系列对应概念，如动静、刚柔、虚实、开合、内外、进退、起伏、显藏、攻守、始终等。它们所代表的诸多对应因素的不同组合，及其蕴含的对立与转化的种种变化，构成了中国武术极为丰富、色彩各异的多种技击原理与方法。例如，太极拳理中的"开合虚实即为拳经""一开一合，有变有常，虚实兼到，忽现忽藏""一动一静，是尽拳中之妙"。

知行合一是武术技击实用的理论基础。知行合一思想几千年来一直贯穿中华传统文化和科学技术中。在近代，孙中山曾经提出"知行"的治国思想，而著名的教育家、思想家陶行知甚至将此作为教育的训言，北京交通大学的校训也是"知行"，可见这个思想已经深入人心。知行合一是中国人的认识实践论，自古以来，中国武术与中国哲学这种理论与实践的相互影响，要求习武者必须做到理论与实践的有机结合。在理论中认识到实践，在实践中完善理论，这种螺旋式上升的过程最终将武术推向近代的最高境界。

武术认为人和自然在本质上是相通的，人应顺乎自然才能获得生存与发展。武术练功把人作为一个整体来训练，讲究"内练精气神，外练筋骨皮""内外合一，形神兼备"。另外，武术把人放到自然中去，把人的运动同周围环境密切联系起来。例如，武术练功要按不同的季节、时辰、时令等，根据自然界和人体机能的变化，采用不同的方法来达到练功目的。

中国武术不仅蕴含着深刻的哲理思想，还具有修心养性的功效，因此它在世界上很多国家有着广泛的影响，如我国古老的健身术与气功早已与印度瑜伽相互渗透，少林拳法于明清时代传入日本等国。

二、中国武术的影响

（一）一些国家的拳术源自中国或受中国武术的影响

1. 柔道

柔道运动是日本的传统体育项目，也是奥运会竞赛项目之一。研究柔道运动的起源可以发现，中国武术对柔道运动的创立起到了关键性作用，可以说，柔道运动是从中国武术的土壤中衍生出来的体育项目。中国武术推动了柔道运动的形成与发展，这与中日两国的地理位置相邻、文化特质趋同有一定的关联。

早在盛唐时期，中国拳术就已传入日本，在之后的数百年中，中国拳师赴日本传授中国武术的活动从未间断。明朝末年，少林寺弟子陈元赞东渡日本传授中国拳术，随学者日众，影响力越来越大，最终出现了以习练中国拳术为傲的"尚武"景象，陈元赞也由此在日本成为家喻户晓的中国武术大家。与此同时，有的日本学者借到中国学习中医之机，向中国武术家求教中国拳术，不仅学会了中医，还掌握了许多中国拳术知识，为后来日本柔术的形成奠定了基础。经过陈元赞的辛勤传授和其弟子们的宣传、推广，以及日本学者到中国境内的主动交流，柔术在日本广泛兴起，流派也越来越多，在日本发展迅速。柔道即由柔术演变发展而来。

2. 空手道

空手道是日本传统格斗术结合武术唐手形成的，唐手是中国武术传入琉球后结合当地武术琉球手发展而成的，后来日本本土人又将九州、本州的摔、投等格斗技与唐手相结合，最终形成空手道。空手道包含踢、打、摔、拿、投、锁、绞、逆技、点穴等多种技术，一些流派中还练习武器术。

20世纪初，被称为"空手道之父"的船越义珍在东京表演唐手道技术，自此唐手道开始在日本流行。第一次世界大战后，日本人取其谐音，改称"空手道"。20世纪80年代，日本冲绳刚柔流空手道传人赶到福州认祖归宗，并立碑撰文纪念，刚柔流的传承谱系中将福州鹤拳大师尊为创始祖师。空手道中著名的拳法套路"三战"与中国传统鹤拳的"三战"联系密切、源流合一，这是技术上的明证。因此，本为唐手的空手道，溯其源就是从中国传播到日本的。

日本国际拳道学联盟理事长大西荣三在《我所创建的国际柔道学》一文中写道："相传在80多年前，空手道从中国的福建省传到日本冲绳。后来冲绳首里的系洲官恒先生将传入冲绳的空手套路进行总结，形成了冲绳最初的空手流派。与此同时，冲绳那霸的东恩纳宽量先生正好在中国福建拜谢先生为师，并学成回到日本。"另据1989年11月22日《中国体育报》记载："最近，福建省体育总会、福建省旅游局和福建省武术协会以及日本冲绳县武术界的朋友在福州联合举行新闻发布会，正式宣布现今流行于冲绳县的刚柔流空手道源于福州市。该流派的祖师东恩纳宽量的师傅是我国鸣鹤拳的一代宗师——福州人如如哥（谢如如）。"可见，日本的空手道源自中国。

3. 跆拳道

1000多年前，朝鲜从中国引入文字、书籍、思想、文化和科技，两国的社会与政治有着千丝万缕的联系。跆拳道和中国武术有着密切的关系。跆拳道的前身是"花郎道"，源于朝鲜的民间自卫术，距今已有1500多年的历史。早在明代之前，中国的武术技艺就传入朝鲜，在近代，花郎道的臂掌结合中国拳术、日本空手道等技术，融汇成一种独特的朝鲜拳术，即今天的跆拳道。

4. 泰拳

泰拳即泰国拳术，是一门传奇的格斗技艺，是一项以力量与敏捷著称的运动。该拳术主要运用人体的双拳、双腿、双肘、双膝等四肢八体作为八种武器进行攻击，出拳发腿、使膝用肘发力流畅顺达，力量展现极为充沛，攻击力猛锐，素有"最强搏击术"之称。

泰拳是最受泰国人民喜爱的一项传统的民族体育运动。关于泰拳的起源众说纷纭，有一种说法是泰拳主要受中国古代技击术的影响。泰国古称暹罗国，明太祖洪武十年（1377年）昭禄群膺为暹罗王，以我国翰林学士谢文彬为坤岳，建立了暹罗第一王朝。此后，中泰的关系日益密切，中国云南省等地迁居泰国的人越来越多。明清两代，华侨在泰国做官也很多。中国武术也随着人们的迁居传到泰国，经过泰国几代人的筛选、提炼、融合，成为今日独具一格的泰拳，不难看到，泰拳中的肘技、腿技等主要技击招式与中国武术完全相同或十分相似，这也许可以证明泰拳源自中国、深受中国武术的影响。

（二）"武术热"丰富了世界体育类型

武术作为中国宝贵的文化遗产，正受到世界的瞩目。据不完全统计，目前已有七八十个国家和地区开展武术运动，出现了一股"武术热""功夫热"，并推动了一些国家体育运动的开展。

武术在日本十分流行，日本曾多次派武术代表团来中国访问，并邀请中国武术协会访问日本。日本的大、中、小学还把柔道、剑道、相扑和弓道等民族传统体育项目列为学习科目。

新加坡、马来西亚、印度尼西亚等国至今仍保留着精武体育会。在每年举行的东南亚武术邀请赛上表演的拳术，除流行的五祖拳外，还有泰拳、缅甸拳、印尼拳等，这些都是吸收了中国武术技法而发展起来的拳种。

1985年，在一些国家武术组织的共同倡议下，亚洲武术联合会、国际武术联盟和南美洲武术联合会先后成立。随着许多国家和地方出现"武术热"，世界上的武术团体如雨后春笋般纷纷成立，推动中国武术向广度和深度发展。

（三）中国武术深刻的哲理对西方健身观念的影响

武术之所以具有独特的魅力，不仅因为它内容丰富、体用兼备，还在于它蕴含着深刻的哲理思想。许多外国朋友不仅积极研习中国武术特有的精湛技术，而且积极探求中国武术丰富的哲学文化内涵。

中国武术源远流长，人们在长期的武术实践活动中形成了各种各样纷繁复杂、风格有别的武术流派。每个流派都有自己的一套理论或思想，但无论哪一个流派的理论大体上都受到中国古代朴素哲学思想的影响。

美国学者弗里乔夫·卡普拉在其名著《转折点》中写道："由于东方哲学和宗教传统总是倾向于把精神和身体看作一个整体，因而东方发展出大量的从身体方面来解决意识的技术是不足为奇的。这种沉思的方法对治疗的意义在西方正逐渐被认识到，许多西方治疗家正把东方的身体作用技术，如瑜伽、太极和合气道结合进他们的治疗中。"由此可见，中国武术中的哲学思想正逐渐被西方人认识，并产生着越来越显著的影响。

（四）中国武术丰富了世界体育的美学观念

武术的美早已为人们所认识，古代就有"武舞"的娱乐表演。武术的某些表现形式和技艺，已相继被我国的戏剧、舞蹈、杂技吸收和借鉴。

武术的美是一种矫健的运动之美，同时在身态、动态、节奏和神采上又展现着民族风貌的英武之美，是高度的力与美的结合，是一项很有健身效果和艺术之美的体育运动。

武术美体现在功架造型、攻防技击和手眼身法步以及节奏、速度、力度等方面。其中功架造型直接产生技艺形式之美，攻防技击是武术特有的内涵，武术之美寓于攻防技击中。

中国武术特有的美学价值丰富了世界体育的美学内容，给世界人民提供了高尚的美的享受。

（五）中国武术对世界医疗保健作出了杰出贡献

太极拳能起到强身壮体、祛病延年的作用，受到很多国家的欢迎。日本医学家古田信夫的研究证明，太极拳具有精神和身体的双重医药效果，对治疗高血压和肥胖病特别有效。因此，太极拳被誉为中老年人的健身宝，是治疗慢性病的良药。美国1964—1977年出版的太极拳书籍有31种，有的再版了十几次。日本从1973年起，在东京成立了太极拳协会，推广各式太极拳。

此外，武术中的各种拳术和方法也具有良好的医疗保健作用。例如，形意拳中的崩、炮、横、劈、钻五拳，相应与五行相配，练此五拳时也可收到练肝、心、脾、肺、肾的效果；八卦掌以及不少拳种的拳理均强调站桩及行拳时要"五趾抓地"，这有促进经脉内气血通畅的功效；近年来流行的经络点穴疗法和气功点穴疗法对身体也有奇妙的疗效。

第二节　武术礼仪

武术礼仪是习武者应共同遵守的最基本的道德行为规范，是习武之人文明礼貌的一种体现。中国传统武术礼仪源于人们生产、生活中的各种礼仪，既包含了儒家的文化思想，也涵盖了习武者的尚武精神。在冷兵器时代，传统武术礼仪约束着习武者的行为，为人们所认可与遵守。在现代文明社会，武术礼仪规定着人们的行为准则，也体现了一个人、一个民族、一个国家的文明程度。现代习武者在遵守流传下来的传统武术礼仪的同时，也有责任把它传承下去。

一个民族、一个国家都有自己的文化礼仪和礼节。《论语·八佾篇》写道："君子无所争。必也射乎！揖让而升，下而饮，其争也君子。"意思是说，君子与人无争，如果一定有所争，那也就像射箭比赛一样吧。射艺比赛讲求射礼，射礼行于堂上，登上堂比赛前人们相互作揖，赛后再次相互作揖，然后共同饮酒，这才是君子之争，是讲究规则的公平竞争，不同于小人胡争乱斗。君子在争斗中也会注意保持一定的风度和规则，而不是野蛮疯狂地厮打。中国传统武术是从人们日常生活中的各种礼仪演变而来，但区别于人们日常生活中的各种礼仪，它有着严格的传承、严格的程序，是人们进入武行的必修课。

中国古代有五礼之说，祭祀之事为吉礼，冠婚之事为喜礼，宾客之事为宾礼，军旅之事为军礼，丧葬之事为凶礼。民俗界认为礼仪包括生、冠、婚、丧四种人生礼仪。实际上礼仪可分为政治与生活两大部类。政治类包括天、地、宗庙之祭，祭先师先圣、尊师乡饮酒礼、相见礼、军礼等。生活类包括五祀、高禖之祀、傩仪、诞生礼、冠礼、饮食礼仪、馈赠礼仪等。在某种程度上讲，中国礼仪在中国文化中起着规范的作用。

传统武术在5000多年的中华文明中沿袭了重视礼仪教育的文化传统。武术礼仪文化的起源、发展、嬗变以及在这一进程中出现的各类问题无不与中国整个社会文化发展息息相关。同时，作为中国传统文化特色现象的武术礼仪文化，对中国传统文化有着深刻而重大的影响。

一、传统武术礼仪形成的背景

"文化既包括思想观念，又包括风俗习惯；既包括心灵的习惯，又包括身体的习惯。"传统武术礼仪文化明显具有这种思想观念与风俗习惯相结合、心灵的习惯与身体的习惯相结合的文化特质，它体现了习武者思想意识和行为的有机统一。传统武术礼仪文化的产生以及成为传统文化的特色，并不是偶然的现象，而是有其历史必然性的。作为武术文化，武术礼仪相对于整个社会来说，有其自身的特点；而对习武者而言，又具有一种普遍的精神指南意义。传统武术礼仪在不同的历史时期、不同的习武群体中有着不同的具体内容，但其主体精神则有着相对的稳定性和延续性，为不同时期的习武群体所认同。它是构成中国武术文化的重要一环，是中华民族精神的历史积淀。

从历史的角度看，武术源于原始时期人们与自然界的斗争以及人群之间的斗争，因而民间的武术礼仪是武术礼仪的重要组成部分。在漫长的历史长河中，武术礼仪逐渐形成了相对稳定且具有延续性的思维与行为范式，也是中华文明区别于外来文明的一种标志。在考察中国传统武术礼仪文化时，由于古代中国礼仪的官俗分野，以及武术礼仪俗文化特征使然，主要是从民间这块广袤的沃土来考察其生成背景、思维方式、基本内容和实践程序。

二、传统武术礼仪的基本内容

（一）拜师择徒过程中的武术礼仪——以京师六合门为例

1. 见面礼

习武者平时见到长辈、朋友、同辈人要站直，两手放在腿两侧，上身微微向前鞠躬，同时问好。同辈与朋友还可行抱拳礼问好。

2. 懂礼

习武者见到祖师或师父的灵位，或其他门派的挂像等，都要上前站直，行鞠躬礼，上身向前躬身30°以上。

3. 站礼

习武者站要有站相，坐要有坐相。形意拳的曹凤岐先生讲过一个故事：师爷刘凤山带着师父马玉清去尚云祥先生家，待两位长辈互相问安及落座后，马玉清先生才上前行礼，问师伯好，站在师父的侧面。过了一会儿，尚云祥先生说："傻小子干吗老站着呀？"马玉清先生这才谢师伯，坐下。但没有从实靠坐，只坐了椅子一角。这时尚云祥先生才讲："小子很有规矩，今天你来了，我要传授你形意拳。"

4. 形体礼

在练武场，习武者入场后要行鞠躬礼或抱拳礼，再向后退三步，这叫让位：一是让君位；二是让师位；三是让自己之位。例如，六合拳、形意拳起势时要面向东南站立，这叫左文、右武，不能面南背北，坐北朝南是君位，所以要让君位。

5. 拜师礼

习武者拜师前准备地点、供品、祖师神位等，请本门人、武术好友、引门人等进行相关事宜。

①请祖师。如在院子里，左屈膝，右膝着地单腿下跪，香举过头顶，

口称"请祖师面向西方"。如在厅、房内，要开门窗，对着门或窗户行尚书礼。

②上香。身体直立，把香插入香炉中。

③三拜九叩。按辈分先后拜，身体直立面对祖师牌位，双手合十，举过头顶，下落胸前，为拜；继之单腿下跪（左屈膝，右膝着地），然后双膝跪下，双手、小肘平放于地，与肩同宽。连续向祖师磕头，三次为磕。然后站起，重复做磕头动作两次，共三次。即为三拜九叩。

④拜师礼。师父上座，弟子上前，单腿下跪（左屈膝，右膝着地），双手把拜师帖举在头顶，师父接过，弟子双膝跪下，给师父磕三个头，给师娘磕三个头，礼成。

⑤起身站直，听师训，师父讲本门的渊源与流派、门规。

⑥徒访师、师访徒。访即访问、寻找、打听。师徒有缘分，十年学艺，三年出徒（出是可以的意思，现在讲实习了）。访又意为慕名之访，名师是访来的、拜来的、叩来的。

（二）其他常用的武术礼仪

武术中包含的礼法贯穿武术的各个过程，常体现于细节。古今常用的礼法有抱拳礼、鞠躬礼、点首礼、注目礼、合十礼、举手礼、一字礼、三指礼、见山礼、莲花礼、无为礼、持器械礼、递械礼、接械礼等，其中抱拳礼最具代表性。

1. 抱拳礼

（1）行礼的方法

抱拳礼是由中国传统的作揖礼和少林拳的抱拳礼（四指礼），加以提炼、规范、统一得来的，并赋予了新的含义，这是在国内外一直被采用的具有代表性的礼法。行抱拳礼时，并步站立，右手成拳，左手四指并拢伸直成掌，拇指屈拢；左掌心掩贴右拳面，左指尖与下颌平齐，右拳眼正对胸窝，置于胸前屈臂成圆，肘尖略下垂，拳掌与胸相距20～30厘米。头正、身直、目视受礼者。

（2）抱拳礼的含义

第一，左掌四指表示德、智、体、美"四育"齐备，象征高尚情操。屈拇指表示不自大、不骄傲，不以"老大"自居。右拳表示勇武顽强，左掌掩右拳，表示"勇不滋事""武不犯禁"，有约束、节制勇武的意思。

第二，左掌右拳拢屈，两臂环抱成圆，表示天下武林是一家，谦虚团结，以武会友。

第三，左掌为文，右拳为武，表示文武兼备、虚心请教、尊重师友。

（3）抱拳礼的应用

抱拳礼在武术竞赛、表演、训练活动中均有应用。中国是礼仪之邦，而武术非常重视礼节，礼节即有礼（理）有节，学拳的第一课教的就是抱拳礼。拳礼又称请拳，表示习武者互相尊敬、互相学习，有团结和谦让的意思。

抱拳礼又称"拱"，是古代的一种相见礼，两手在胸前相合表示敬意。《论语·微子》中有这样的记载："子路拱而立。"从文化角度看，抱拳是传统文化的一部分；从社会交往的角度看，抱拳避免了一些不必要的尴尬，如男女之间、关系较疏离的人之间。

2. 鞠躬礼

（1）行礼的方法

并步站立，两手垂置于体侧，手心向内贴于大腿外侧，上体向前倾斜15°。

（2）鞠躬礼的应用

①见到师长或领导时使用此礼。

②表演、比赛演练结束时使用此礼。

③不适于应用抱拳礼的正规场合。

3. 持械礼

（1）刀

①行礼方式。

抱刀礼：并步站立，左手抱刀，屈臂使刀斜横于胸前，刀背贴于小臂上,刀刃向上,右手拇指屈拢成斜侧立掌,以掌根附于左腕内侧,两腕部与锁窝同高,两臂外撑,肘略低于手,目视受礼者。

垂刀礼:持刀者并步站立,身体自然直立,右手虎口向上握刀柄,刀尖向下,刀身垂直,刀刃朝左,左手拇指屈拢成立掌,掌心贴于右手指根,掌指向上,双臂撑圆平屈于体前,腕与肩平,双肘不可扬起,目视前方。

②递刀与接刀的方式。

双手托刀递:递刀者并步站立,身体自然直立,左手托护手,右手托刀身,刀刃朝里,双手平举,使刀平托于胸前,目视接刀者。

双手捧刀递:递刀者并步站立,身体自然直立,双手掌心向上,掌指向前,捧住护手平举于体前,刀身垂直,刀刃朝里,目视接刀者。

单手提刀递:递刀者并步站立,身体自然直立,右手拇指、食指、中指捏住刀柄顶端,刀尖下垂,刀身直立,刀刃朝里,直臂举于体前,目视接刀者。

双手接托刀递:接刀者并步站立,身体自然直立,左手掌心向上,平托刀身,右手掌心向下握刀柄,目视递刀者。

单手接捧刀递:接刀者并步站立,身体自然直立,左手虎口向上,靠近护手握刀柄,目视递刀者。

双手捧接提刀递:接刀者并步站立,身体自然直立,双手掌心向上,掌指向前,捧住护手平举于体前,目视递刀者。

(2)剑

①行礼方式。

持剑礼:持剑者并步站立,身体自然直立,左手抱剑,屈臂使剑身贴于小臂外侧、斜横于胸前,右手拇指屈拢成立掌,以掌根附于左腕内侧,掌指向上,双臂撑圆平屈于体前,腕与肩平,双肘不可扬起,目视前方。

垂剑礼:持剑者并步站立,身体自然直立,右手虎口向上握剑柄,剑尖向下,剑身垂直,剑刃朝左右,左手拇指屈拢成立掌,掌心贴于右手指根,掌指向上,双臂撑圆平屈于体前,腕与肩平,双肘不可扬起,目视前方。

②递剑与接剑方式。

双手托剑递:递剑者并步站立,身体自然直立,左手托护手,右手托剑身,双手平举使剑平托于胸前,目视接剑者。

双手捧剑递：递剑者并步站立，身体自然直立，双手掌心向上，掌指向前，捧住护手平举于体前，剑身垂直，剑刃朝左右，目视接剑者。

单手提剑递：递剑者并步站立，身体自然直立，右手拇指、食指、中指捏住剑柄的顶端部位，剑尖下垂，剑身直立，剑刃朝左右，直臂举于体前，目视接剑者。

单手接提剑递：接剑者并步站立，身体自然直立，左手虎口向上，靠近护手握剑柄，目视递剑者。

双手接托剑递：接剑者并步站立，身体自然直立，左手掌心向上，平托剑身，右手掌心向上握剑柄，目视递剑者。

单手接捧剑递：接剑者并步站立，身体自然直立，左手靠近护手处，虎口向上握剑柄，目视递剑者。

双手捧接提剑递：接剑者并步站立，身体自然直立，双手掌心向上，掌指向前，捧住护手平举于胸前，目视递剑者。

（3）棍与枪

①行礼方式。

持枪（棍）者并步站立，右（左）手持枪（棍）把端三分之一处，屈臂置于胸前，枪（棍）身直立，枪尖（棍梢）向上，左（右）手拇指屈拢成斜侧立掌，以掌根附于右（左）腕内侧，两臂外撑，肘略低于手，目视受礼者。

②递棍与接棍方式。

递棍礼：递棍者双手握棍于把段处（靠近棍把段，约棍身三分之一处），左手在上，两臂屈圆，使棍竖于体前，棍梢端朝上，目视接棍者。

接棍礼：接棍者并步直立，两手虎口朝上，上下靠拢，左手在上，靠近递棍者手下部接握，目视递棍者双手接棍。

③递枪与接枪方式。

递枪礼：递枪者双手握枪于把段处，左手在上，两臂屈圆，使枪垂直于体前，枪尖朝上，目视接枪者。

接枪礼：接枪者并步直立，两手虎口朝上，上下靠拢，左手在上，靠近递枪者手下部接握，目视递枪者双手接枪。

抱刀礼、持剑礼、枪（棍）礼一般在武术的竞赛、表演和训练活动中应用。

（三）竞赛场合和表演场合的武术礼节

1. 竞赛礼节

（1）武术竞赛开幕式、闭幕式仪式

武术比赛开幕式上，主持人宣布大会开幕时，全体人员起立面向国旗方向肃穆站立，升国旗，唱国歌。闭幕式举行降旗仪式时，全体人员唱国歌。

（2）运动员礼节

套路运动员听到上场比赛的点名时，应向裁判长行抱拳礼。然后走到裁判长的右侧半场，完成相同方向的起势和收势。听到宣布最后得分时，应向裁判行抱拳礼，以示答谢。

散打运动员上场被介绍时，应先面向裁判长原地行鞠躬礼，再转向观众行鞠躬礼。场上裁判检查护具完毕，双方运动员面对面，互行鞠躬礼。比赛结束，双方运动员上场。当听到宣布最后胜负时，应先向裁判长行鞠躬礼，再转向观众行鞠躬礼，最后面向对手行鞠躬礼。

（3）裁判员礼节

裁判员应穿着统一的服装，佩戴统一的裁判标志。比赛开始时，广播员应介绍技术监督委员会成员，被介绍者起立行抱拳礼；介绍仲裁委员会时，被介绍者原地行抱拳礼；介绍总裁判长、裁判员时，被介绍者左脚向前一步，右脚跟上并步站立，行抱拳礼。礼毕，所有被介绍者右脚后退一步，左脚向后与右脚并步站立。

无论是比赛开始还是结束，当运动员向裁判长行抱拳礼或鞠躬礼时，裁判长都应点头示意，以示还礼。

2. 表演礼节

表演者在表演开始前，应向主席台的贵宾、领导和现场观众行抱拳礼或鞠躬礼；表演结束后，行鞠躬礼。在武术活动中表演者被介绍时，应行抱拳礼或鞠躬礼。

递接器械是武术外在形象的一个重要方面，向对方递交器械时，刀尖、剑尖向下，切忌指向对方；枪、棍垂直离地约20厘米递给对方，切忌枪尖朝向对方，以失礼节。

第三节　武德修养

一、武德的概念和内涵

（一）武德的概念

所谓武德，即武术道德，是从事武术活动的人在社会活动中应遵循的道德规范和应有的道德品质。

古语中的"止戈为武"，表明武是停止干戈、消停战事的实力。德则以仁、义为核心理念，以正言行举止。武德，专指修习武术之人的言行举止操守准则。所谓"武者，止戈也"，就是说学武之人拿起兵器之前应该先学会放下兵器。

"武德"一词最早于3000多年前就已出现。早在春秋时期左丘明所著的《左传》中就有"武有七德"的论述。随着时代的发展，武德的含义也在不断地变化发展。过去大多以"尊师重道，孝悌正义，扶危济贫，除暴安良""虚心请教，屈己待人，助人为乐""戒骄奢淫逸"等作为武德信条。武术中的各种流派，也都有自己的"门规""戒律""戒约"，并有"三不传""五不传""十不传"以及"八戒律""十要诀"等武德标准。今天也有不少学者对武德进行概括，有的学者认为武德是"尚武崇德的精神"，有的学者认为武德是"一种美德"，也有的学者认为武德是"武者体现的道德"。1987年，全国武术学术研讨会将武德规范概括为"尚武崇德，修身养性"。这些都从不同侧面对武德进行了概括，但是，武德事实上是一种伦理观，所以应该从伦理学的角度去定义它。

从伦理学的角度来看，武德是从事武术活动的人在社会活动中所应遵循的道德规范和应具有的道德品质。简而言之，就是武术道德。"道"一般指事物运动变化的规律,如今还引申为人们必须遵循的社会行为准则或规范;"德"即得。人们认识"道",遵循"道",内得于己,外施于人,便称为"德"。"道"主要指一种外在的要求,"德"则指内心的情操或境界。"道德"两字连用,始见于荀子《劝学》篇:"故学至乎礼而止矣,夫是之谓道德之极。"从伦理学的角度来看,武德不仅注重个人意志的选择,而且体现了整个武术社会活动以及参与其他社会活动的秩序规范。个人的武德只有适应社会实践,在社会共识的秩序规范中才有实践的价值和意义。对武德的正确理解,应当是武术伦理规范与习武者道德行为准则的总和,它应始终贯穿于习武者练武、授武、比武等一系列的武术社会活动之中。

现今,传统的武德已不适应社会发展的需要,如要英雄、逞好汉、为朋友两肋插刀的"哥们义气",以及带有三纲五常思想的"唯师命是从"的行为等。所以,武术学习者应对传统武德进行分析,继承传统武德中合理的成分,批判过时的旧武德,树立新的武德观。

(二)武德的内涵

武德理论的内涵是多方面、多层次的,其萌芽、形成和发展有一个历史过程。历史上最早的、带有条款性的武德记载见于《左传·宣公十二年》中的"武有七德",即"禁暴、戢兵、保大、定功、安民、和众、丰财"。这是对诸侯用兵道德的要求。在武德理论形成与发展的过程中,伦理精神的形成主要由儒家、道家和释家的思想融合而成。武德作为中国传统伦理的一个组成部分,其道德精神实质上是中国传统伦理精神在武术领域的体现。它的内容虽然随着各个不同时期的发展而不断地补充和丰富,但其本质仍表现为仁、义、礼、智、信、勇。

1. 仁

"仁"在一定程度上概括了人的全部道德标准,这也是习武者品德追求和德行的最高境界。"仁"的基本含义就是用广博的爱心去爱一切人。而武德中的"仁"就是要求习武者具有师慈徒孝、兄贤弟恭、朋亲友爱的品德。在这一品德中,忠、恕是两个关键要素,要求习武者忠于师门,在今天则是要忠于事业、民族和社稷,要与人为善,以爱人之心宽恕他人,以求安宁、祥和。

2. 义

"义"为行善之本。在武德中，可以理解为"仁"是通过"义"的环节体现在人的道德行为上。"义"是依"仁"而行的方法、途径和标准，在武德中还可理解为秩序、等级。所谓"义者，宜也"，就是习武者的言行举止要与自己的身份相称，师徒兄弟的辈分不能乱，这是习武者必须遵守的一个准则。

3. 礼

"礼"来自人的恭敬辞让之心，是仁义道德的节度及由此产生的待人接物的礼节仪容。武术界对"礼"有着严格的标准和规定，并由此衍生出一系列具体的、形式化的礼仪，由习武者践履，作为其行为的规范标准。"礼"还包括制裁制度，对违背"礼"的人要给予处罚。"礼"在武德中具有实践意义，它不但告诉习武者应该做什么，而且告诉其应该怎么做，是"仁"与"义"行为落实的一个重要环节。

4. 智

习武者不仅要懂得武术礼仪规范，还须有自觉的道德意识，这就是"智"。"智"的功能就是认识"仁""义"，并保证它的实践。它源于人们的是非判断之心，其功用在于体人生、知人伦、明是非、辨善恶，只有如此才能"穷不失义，达不离道"，做一个"富贵不能淫，贫贱不能移，威武不能屈"的侠义之人。

5. 信

所谓"信，诚也"，就是说做人要诚实，守信用。遵守诺言是武林的传统，也就是古语中常说的"一言既出，驷马难追"。实践诺言，不失信于人，不畏艰难险阻，甚至甘愿牺牲生命，只身赴死的事迹，历代多有所闻。可见，守信重诺是武德的重要内容之一。

6. 勇

武德中的"勇"既是道德标准又是行为实践。但"勇"又有"大勇"和

"小勇"之分。武德中提倡的是"大勇",指的是通晓仁义道德、明辨是非善恶后果断作出的举止行为。为国为民、匡扶正义、除暴安良、惩恶扬善、扶弱济贫等,都是"大勇"之举,是被极力推崇和效仿的武德。为私利或意气用事而逞强斗狠,则被视为"小勇",也称作"匹夫之勇",不算作武德的范畴。

二、武德修养的基本原则及内容

(一)武德修养的基本原则

崇德尚武,发扬民族精神,是今天提倡武德的基本原则。武德在发展过程中,从最初维护民族利益的道德观,到现在把国家、民族的利益放在首位,构成了中华民族精神的主体。崇德是尚武的前提,尚武是崇德的反映,习武者要遵守崇德尚武的原则,发扬"自强不息""厚德载物"的民族精神,为国家和社会作出贡献。

(二)武德修养的主要内容

1. 武德高

为武之道,以德为本。习武首先要重视武德的学习,要有好的思想品质,这是提高武技的前提。

2. 武旨正

学习武术的宗旨要正确,练武是为了强身健体,掌握武技的目的是为人民服务,保卫国家和人民安全,绝非为非作歹,损害群众利益。

3. 武纪严

习武者的武术技能,绝不能用于逞凶斗狠、无事生非,应该严格遵守各项法规制度,做遵纪守法的模范,并能够主动同坏人坏事作斗争。

4. 武风良

在武术学习中,要形成一种老师爱护学生,学生尊敬老师,互相尊重、共同研习武术的良好风气，为武术的发展贡献出自己的力量。

5. 武礼谦

无论是习武者之间，还是与其他人之间，都应该以礼相待，有礼有节、平易近人、谦虚诚恳，不能出言不逊、得意忘形，败坏武德。

6. 武志坚

武术是一项内容繁多、技术性较高的运动项目，学习起来有一定难度，这就要求习武者有坚强的意志，不怕困难，立志为武术事业献身。

7. 武学勤

纵观历史上武术有所成就的人，几乎都经历了一个勤学苦练的过程。因此，要学习好武术，就应该拳不离手，坚持不懈地朝演夕练，勤学苦练。

8. 武技精

武术博大精深，内涵丰富，非一朝一夕所能穷尽，习武者必须刻苦钻研，不断进取，精益求精，才能使武艺更加精湛。

9. 武仪端

习武者应该仪表端正，举止文雅，表现出气宇轩昂的精神风貌，不能衣装不整，体态不端。

10. 武境美

练习武术，要主动清洁练习场地、生活环境的卫生，特别是训练场地、衣物、器件等要摆放整齐，要爱护公物，保证习武环境、生活环境的优美整洁。

三、武德修养的基本要求

列宁说："要成就一件大事，必须从小事做起。"一个人要想拥有武德修养，必须下一番功夫，严格要求自己，认真地从一点一滴做起，在日常生活和武术教学、训练、竞赛及社会活动等实践中，自觉履行武德规范标准，才能不断提高自己的武德修养。

高度自觉性是武德修养的前提。武德修养必须靠习武者自觉地发挥主观能动性，严格按照已确立的武德修养的志向和目标，不断加强磨炼，逐步学会控制自己、管理自己。要有坚强的意志，在长期的甚至是痛苦的磨炼中，把自己修养成有崇高武德精神的人。

良好武德修养的养成，应当做到以下几点：第一，继承传统武德中的精华，要把习武同发扬祖国灿烂文化、热爱祖国联系起来，培养强烈的民族自豪感，维护中华民族的尊严；第二，有宽广的心胸，对人民要以礼待人，不恃武伤人，不以强凌弱；第三，对危害祖国、人民利益的坏人坏事要敢说敢管，见义勇为，疾恶如仇，协助公安部门维护社会治安，维护国家和人民的利益；第四，保持不盗名、不夺利、不保守，乐于助人的美德；第五，尊老爱幼，尊师重道，对前人和长辈的著作和经验要虚心学习，认真钻研，努力学习技术，刻苦练功，磨炼出慈、勇、智、恒的坚强意志，培养良好的身体素质，文武双全，为社会作出自己最大的贡献。

武德既是参加武术活动的人所遵守的公共体育道德，又是武术工作者在从事武术教学、训练、竞赛等工作时应遵循的伦理规范。武术有着区别于其他体育活动的特殊性，并在民族道德的影响下形成了自身独特的道德规范。武德的实质是正义、公平、公道，是人类最古老的道德观念之一。武德通过教导人们"择其善者而从之，择其不善者而改之"来调整人与社会之间的关系。

第三章　幼儿武术发展概况与基本内容

第一节　幼儿武术发展概况

幼儿武术是根据幼儿的心理、生理特点，在吸取中国武术各拳种套路之长的基础上形成的，是以幼儿长拳、象形拳、人物拳、传统拳和武术音乐操等拳操为运动表现形式，注重培养幼儿对学习武术的兴趣，增强幼儿体质，促进幼儿身心健康全面发展的中华民族传统体育项目。幼儿武术注重对幼儿身体素质、品德、趣味性的培养，让幼儿在愉悦的氛围中学习武术，激发幼儿的学习兴趣和积极性，提高幼儿的身体素质、身体协调能力、品德素质和社交能力。因此，武术的学习需从幼儿抓起，培养幼儿对武术的兴趣，为武术的传承与发展打下坚实的基础。

一、幼儿武术发展的现状

武术是我国民族传统体育文化之一，其具备独有的动态肢体符号特征，是中华传统体育中具有类型代表性的文化。它不仅是中华体育文化中健康、鲜活、具体的主客体集一身的动态肢体符号，也是人们克服语言障碍，达到彼此之间有效互动的一种方式。从武术的发展历程中，可以看到一个民族的历史，更能从中发现时代的进步痕迹。

近年来，武术在我国迅速发展，这主要有两个方面的原因。一方面是因为武术作为中华儿女的生存技能，伴随着中国历史与文明发展，已经走过了几千年的风雨历程，是维系中华民族生存和发展的灵魂。另一方面则是因为武术对人体的锻炼是全方位、多层次的，能调节人体内的阴阳平衡，调养气血，改善人体机能，提高身体抵抗力和免疫力。在国内外，武术已被各类赛事列为正式的比赛项目，竞赛项目分为长拳、太极拳、南拳、剑术、刀术、枪术、棍术、其他拳术、其他器械、对练项目和集体项目。武术的表演形式灵活多变，其动作的一招一式，身法的吞吐、闪展、折叠等在空间构成了各种轨迹，这些轨迹在运动空间中形成了优美的线条变化，能全面发展人的协调性、柔韧性以及平衡性。同时，武术也十分重视人的"精、气、神"的运用，讲究"形神兼备，内外合一""心动行随，意传神发"，具有很强的艺术表现能力。

自近代以来，伴随着西方体育文化的逐渐渗入，西方竞技体育抢占了中国体育的大部分舞台，深深地影响并引领着中国体育的发展方向，对传统体育文化的传承和发展产生了一定冲击。武术作为具有代表性的民族传统体育文化，怎样使其更好地传承和发扬成了当下人们不得不反思的一个问题。幼儿教育作为国民教育体系中的首要环节，对传承民族文化、增强民族体质与民族自豪感具有重要的推动作用。幼儿武术作为各大少年宫、幼儿园以及培训机构的重要课程之一，已经开展了超过30年的时间，从幼儿武术本身来看，其在培养幼儿基本的中华传统文化、武术技能，促进幼儿身心健康等方面都起到了良好的作用，它也是幼儿接触中华传统文化最直接和最有效的方式之一。

幼儿时期是个体迅速生长发育的时期，这一时期的幼儿心理发展异常迅速，独立性增强，大胆、好奇、善模仿、爱表现、喜表扬，竞争意识和自主性增强，生理机能不断发展，体重、身高增长加快，神经细胞容积增大，神经纤维增长，但神经系统功能不够完善。骨骼柔韧，肌纤维较细，肌肉收缩力较差，易疲劳，但新陈代谢旺盛，恢复快。随着年龄的增长，运动器官快速发育和完善，幼儿肌肉质量大大增加，肌肉力量和功能性也随之增强。

从学段年龄角度看，在学前教育阶段推进武术教学有其他学段不可比拟的优势。学前教育最大的特征莫过于启蒙性，在这一阶段加强简单基础的武术教育，开展幼儿武术活动，对幼儿武术的传播推广无疑是有利的。武术是历经千百年的传统体育的结晶，是我国优秀的传统文化，要使得武术得到更好的传承，注重幼儿的武术活动是非常重要的。

幼儿处在身心迅速发展的时期，是人生的第一个飞跃期，如果在幼儿阶段能够培养幼儿对武术的兴趣，将非常有利于中国传统武术的传承与发扬。武术作为一种融合文化与技能的运动，对于幼儿的成长具有非常重要的作用，不仅可以促进幼儿身体发展、心理发展，促进外在行为习惯养成，也有利于继承中华传统文化，发扬中华民族精神。目前，幼儿武术在我国乃至全球范围内越来越受到关注，在一些大城市和武术文化浓厚的地区，幼儿武术的普及程度相对较高，许多幼儿园和小学都开设了武术课程。幼儿武术的教学内容主要包括基本拳脚、器械套路和武术礼仪，注重培养幼儿的兴趣和基础技能，使幼儿的身体素质得到相应的提高。

但幼儿武术在开展的过程中还存在不少问题，如武术运动在各幼儿园开展中普及率不足，缺少幼儿武术教师，训练场地硬件设施不够完善，武术训练馆未购置武术器械和设备，没有设置室内武术训练馆等专业化的武术训练场等。开展幼儿武术活动的幼儿园很少，幼儿园武术推广情况不容乐观。整体来看，目前的武术课程开展形式较少，武术课程内容比较单一，思想理念比较落后，缺乏与武术相关的比赛和表演活动。

二、幼儿武术的意义、价值与特点

（一）幼儿武术的意义

1. 促进幼儿对武术文化的了解

幼儿武术作为一种传统文化活动，具有深厚的历史底蕴和文化内涵。在学习过程中，幼儿能够接触到中国传统文化的精髓，如礼仪、道德、哲学等，进而树立起民族自豪感和文化自信，促进对中华优秀传统文化的传承与发展。

新时代背景下，受外来文化的冲击，当前幼儿园办园理念大多数是以法国蒙氏教育和美国常青藤教育为主。这就导致幼儿对中华优秀传统文化的了解较为缺乏，而武术作为中华优秀传统文化的典型代表，其自身具有独特的文化价值和文化魅力。在幼儿园开展幼儿武术教学，一方面是对武术文化的传承和保护，另一方面也是促进幼儿对中华优秀传统文化的理解和学习。不难发现，大多数幼儿园对礼仪和德育方面的重视度不够，只重视孩子的个性发展，这样会很容易使幼儿养成嚣张跋扈的性格。而武术中的武德教育可以很好地弥补这方面的不足，武德教育中尊敬师长、自强不息、为人谦虚等品质，在日常教学中通过教练员的言传身教，可以潜移默化地对幼儿产生影响。

2. 培养幼儿情绪管理能力和团队合作能力

武术练习不仅关注幼儿身体技能的训练，还关注幼儿情绪的表达与调节。在练习过程中，幼儿需要学会控制自己的情绪，保持冷静和专注。同时，幼儿还能通过武术运动释放能量，缓解焦虑、紧张等负面情绪，提升自己的情绪管理能力。幼儿武术教学通常采用集体练习的形式，强调幼儿之间的互动与合作。在团队活动中，幼儿需要学会与他人沟通、配合，共同完成任务，这有助于培养幼儿的团队精神、协作能力、自我保护意识和能力。

3. 激发幼儿想象力与创造力

武术不仅是一种运动技能，也是一种艺术形式。在学习和实践中，幼儿可以发挥自己的想象力和创造力，掌握一些富有创意的武术表演形式。这不仅能够提高幼儿的艺术鉴赏能力，也有助于培养他们的创新思维和解决问题的能力。通过武术动作的多样性与神经系统控制全身肌肉的协调性，能够有效锻炼幼儿的反应力和思维，从而间接促进幼儿想象力与创造力的发展。需要注意的是，这里所说的想象与创造并不是指新事物或新思想的创造和发明，而是指幼儿灵活利用已掌握的知识和方法进行学习的能力。例如，在武术象形拳"猛虎下山"的教学中，让幼儿先去动物园观察老虎的动作形态，再让幼儿模仿老虎的动作，并通过游戏情节的想象与创造，帮助幼儿理解"猛虎下山"的动作要领。

4. 培养幼儿的礼仪与纪律性

武术文化注重礼仪与尊重,要求幼儿在训练中养成尊重师长、友爱同伴的品质。通过学习和实践,幼儿可以学会如何以礼待人、尊重他人,从而培养良好的人际交往能力和社会道德素质。武术训练强调纪律和规矩,要求幼儿遵守规则、遵守纪律。这种训练有助于培养孩子们的纪律性和自我管理能力,为他们今后的学习和生活打下良好的基础。

(二)幼儿武术的价值

幼儿从学走路时,家长就百般小心,怕孩子摔倒。出于安全问题的考虑,家长们对幼儿参加一些体育运动十分担心,害怕孩子在运动中受到伤害,这并不利于发展幼儿的运动能力。其实,在有安全保证的条件下,经常参加体育运动能及时开发锻炼幼儿的早期平衡能力。中国武术博大精深,其中蕴含着巨大的学问,幼儿学习武术的好处有许多,如可以促进人体血液循环,促进人体维持平衡能力的肌肉协调能力以及柔韧能力,能够增强体质以及身体抵抗力等。在日常生活中,武术不仅能够当作防身的本领,提高儿童在遇到危险时的自救能力,还可以培养儿童健康的思想和良好的行为习惯,有助于其从小树立良好的人生价值观。

1. 促进幼儿健康成长

数据调查和实践证明,经常参加武术锻炼,对幼儿的身高发育有一定的促进作用,平均身高增长 1~2 厘米,小学生增长 3~5 厘米。人的身高除了受遗传因素的影响制约外,还受童年时期的营养、负荷量、内分泌激素的影响。人在生长发育过程中,骨骼的生长与适当的机械刺激紧密相关。经常参加武术拳操演练能促进幼儿生长激素的分泌,加强骨细胞的血液供应,有利于提高骺软骨的增殖能力,增加骨骼生长所需要的营养物质,刺激骨细胞生长,使骨密质增厚、骨径变粗、骨骼变得更坚固,从而加速骨的生长发育。

2. 增强身体免疫能力

武术锻炼可以促进人体内循环和内分泌,促进人体脏器机能的提升,从而有效地提高人体自身的免疫力。实践证明,经常参加武术锻炼的幼儿,其免疫力比不参加武术锻炼的幼儿要高出60%以上，由于武术活动后体力大量消耗，改善了幼儿偏食的问题，幼儿体内摄取的营养成分就会越多，抵抗疾病的能力就越强，生病概率就越小，身体就会越健康。

3. 提高肺活量

肺是气体交换的中转站，人的机体运转每时每刻都需要消耗氧气，只有在供氧充足的情况下，各个器官才能正常工作。武术运动是一种有氧和无氧相结合的体育运动，幼儿时期进行武术锻炼就是进行充分的有氧运动，练习时配合"嘿-哈"等发声练习，能够提高幼儿的肺活量。幼儿肺活量越足，大脑思维就会更灵活，身体也会更健康。

4. 预防和纠正含胸、弓背等不良体态

人的体态与运动能力、肌体机能和抵抗疾病能力有一定的关系，幼儿时期的运动机能尚未发育成熟，加上后期缺乏锻炼，更容易导致不良体态的形成。一个人站得越直，气血运行就会越畅通。武术动作要求练习者"站如松、坐如钟、行如风"，这些潜意识的行为要求和锻炼，对纠正幼儿不良体态有很大作用，良好的站姿和走姿可以塑造幼儿的形体美，提高幼儿的自信，利于幼儿健康成长。

5. 克服消极和胆怯心理，增强自信心

由于各种环境的影响和制约，许多幼儿缺乏体育锻炼和社会交往活动，幼儿胆小及缺乏自信等已成为家长普遍关心和苦恼的问题。对此，通过武术锻炼正好可以改变这一现状，如通过武术的基本动作练习、发声练习、滚翻练习、拳操演练、竞赛表演等可增强幼儿的自信心，而且效果较为明显。

6. 提高自我保护能力

武术拳操演练时，动作要求严格，练习时要有动如涛、静如岳、起如猿、落如鹊、站如松、立如鸡、转如轮、折如弓、轻如叶、重如铁、缓如鹰、行如风等特点，幼儿在学习中通过对武术动作的反复模仿和练习，能够不断加强反应力和判断能力，自我保护的意识和能力也会随之提高。

7. 促进新陈代谢

进行武术运动时，与肌肉有关的脑细胞处于兴奋状态，管理思维的大脑皮层得到充分休息，缓解了脑力疲劳。武术活动可促进血液循环，脑细胞可得到更多的氧气和营养物质的供应，代谢加速，因此脑细胞活动也就灵活，学习质量就好，工作效率就会提高。研究表明，经常参加武术锻炼，可改善大脑迟钝，提高记忆力，消除大脑和身体疲劳。同时武术的有氧代谢还可提高神经细胞的反应性和灵活性，使幼儿思维更加敏捷，动作更加灵活。每天进行适量的武术锻炼，还能促进幼儿良好的睡眠，提高机体的免疫功能，提高心肺能力和代谢水平，促进消化器官功能，加快新陈代谢，使幼儿体质健壮，精力充沛。

8. 提高肌肉力量、耐力和抗疲劳能力

武术活动中有冲拳、推掌、弓步、马步和抡臂等动作，这些动作促使肌肉进行反复的收缩和舒张，使肌纤维和神经纤维得到发展，从而增加肌肉力量和心血管耐力，提高肌肉弹性、动作速度和爆发力，增强身体平衡性。此外，这些动作对培养幼儿意志力和抗疲劳能力也有很大的帮助。

9. 提高身体灵活性、协调性、平衡性

武术锻炼是一种刚柔相济、动静结合的拳术，要求练习者做到"手眼身法步、精神气力功"。除了遗传和心理个性影响，协调性还与肌肉力量及耐力、动作熟度程度、身体重心平衡及动作韵律有一定关系，武术拳操练习能够发展幼儿的灵活性和平衡能力，改善中枢神经系统对肌肉组织与内脏器官的调节，提高幼儿适应各种自然环境的应变和掌握能力，锻炼意外发生时的身体机能反应能力，增强自我保护的能力。

10. 锻炼意志品质，塑造人格

马步和弓步等基础动作是对肌肉力量和耐力的锻炼，对培养幼儿的意志力有很大帮助。武术蕴含着深厚的文化底蕴，武德文化在几千年的实践发展中，强调习武者的社会责任感和民族感，强调尊师重道、团结、友善及互助的精神和胸怀，对幼儿意志品质的锻炼、健康人格的养成有着重要意义。

（三）幼儿武术的特点

幼儿武术作为一种特殊的体育活动，主要针对幼儿的身心发展特点设计动作，具有独特的教学价值和特点，具体表现在以下几个方面。

1. 动作简单

幼儿武术的动作设计符合幼儿的身体发育特点，注重简单易学。这样的设计使得幼儿能够迅速掌握基本动作，并在不断练习中提高技能水平。幼儿武术的动作训练要求幼儿在身体各个部位之间建立协调关系，从而提高他们的身体协调性和灵活性。这对于幼儿的身心发展都极为重要，能够为他们日后参与更多体育活动打下基础。

2. 注重柔韧

幼儿武术强调身体柔韧性的培养。通过各种拉伸和柔韧性练习，可以帮助幼儿提高身体的柔软度，预防运动损伤，并为后续学习更高难度的武术动作打下基础。

3. 安全第一

在幼儿武术教学中，安全始终是首要考虑的因素。教师会教授幼儿正确的运动技巧和安全意识，避免他们在练习过程中受伤。同时，教学场地和器材也会经过安全检查，以确保幼儿的安全。在幼儿武术活动中，幼儿可以学习到基本的自卫技巧和应对突发状况的能力，这对增强幼儿的自我保护意识和应变能力至关重要。

4. 寓教于乐

幼儿武术将教育与娱乐结合起来，让幼儿在轻松愉快的氛围中学习武术。这种寓教于乐的教学方式有助于培养幼儿的自主学习能力和兴趣爱好，促进他们的全面发展。幼儿武术教育注重培养幼儿对武术的兴趣和热爱。游戏化的教学方式和丰富多彩的课程内容，能够激发幼儿对武术的好奇心和学习动力，让他们在快乐中学习，健康成长。

5. 文化传承

幼儿武术作为一种传统文化活动，具有深厚的文化内涵。通过学习武术,幼儿能够接触到中华优秀传统文化的精髓,如礼仪、道德、哲学等,这有助于培养幼儿的文化素养和民族自豪感,促进中华优秀传统文化的传承与发展。了解和传承中华的传统文化,不仅有助于培养幼儿的文化自信,也让他们更加热爱自己的祖国。

6. 身心共健

幼儿武术注重身心的和谐发展。通过武术练习,幼儿不仅可以锻炼身体,提高身体素质,也能够调节情绪,缓解压力。这种身心共健的效果有助于培养幼儿健康的生活方式和良好的心理素质。幼儿武术通过各种动作和技巧的练习,有助于幼儿锻炼肌肉,提高柔韧性、协调性和平衡感。这种身体锻炼不仅促进了幼儿的身体健康,也为他们的日常生活和学习提供了良好的体能基础。

7. 习惯培养

幼儿武术教学还注重培养幼儿的良好习惯。首先,在练习过程中,幼儿需要遵守规则、尊重他人、自律自觉等,这些都有助于良好的行为习惯和道德品质的培养。其次,在武术活动中,幼儿需要与同伴进行互动和合作,这有助于提高他们的社交能力。通过与不同背景、不同性格的孩子一起训练,幼儿可以学会如何与人相处、如何沟通和合作。最后,武术活动需要耐心、毅力和恒心,这有助于培养幼儿的坚韧品质。通过不断的努力和练习,幼儿可以从中学会面对困难时不退缩,培养积极向上的心态。

8. 系统性与连贯性

幼儿武术的教学体系是一个系统且连贯的整体。从基本的动作练习到复杂的套路演练,每一个阶段都有明确的训练目标和内容。每个孩子都有自己独特的性格和天赋,幼儿武术教育应关注并尊重这种个性化差异。教师应根据每个孩子的特点进行差异化教学,确保每个孩子都能在适合自己的方式下学习和进步。这种系统性和连贯性确保了幼儿在武术学习的过程中能够逐步积累和提升,形成完整的知识和技能体系。

第二节　幼儿武术的基本内容

幼儿武术以培养幼儿对武术的兴趣、养成良好的生活习惯、锻炼体质、学会简单的徒手器械操，以及对武术动作有基本的认知为目标。武术与其他体育形式的区别在于它的技击性，同时重视武德也是其明显的特点，因此武术的教育目标有着技、击、德共存的特性。

一、幼儿武术基本功

幼儿武术基本功以长拳类的基本功为主，分为腿功、肩功、腰功、手形、手法、步形、步法、跳跃、平衡、跌仆滚翻和组合动作进行教学。武术基本功是初学者的入门功夫，更是武术教学的基础和关键。通过基本功和基本动作的练习，幼儿身体各部位将得到比较全面的训练，并能较快地发展武术运动的专项身体素质，为学习拳术和器械套路打下良好的基础。由于中国武术内容丰富，幼儿武术基本功依据的武术操和拳种流派众多，各门各派基本功的练习方法也不尽相同。

幼儿武术基本功可以通过游戏、五步拳来练习，然后深入巩固练习，使弓、马、扑、虚、歇五种基本步形扎实、稳健。下面介绍一些幼儿武术最基本的动作。

（一）腿功

1. 正压腿

预备姿势：并步站立。
动作说明：左脚跟搁在把杆上，脚尖勾紧，上体向前下做正压动作。
要点：直体向下振压，压至疼痛时进行抱腿练习。

易犯错误与纠正方法如下。

两腿不直纠正方法：强调收胯、正髋，也可用手下压膝部。

上体不正纠正方法：挺胸、立腰，被压腿异侧的肩、胸部前伏，双手抱住被压腿脚掌。

教法提示：集体压腿时，统一口令进行，压至疼痛时可停住不动；压腿前先把肌肉和关节活动开，压腿后把被压腿屈膝抱在胸前，然后松开；可与控腿、搬腿、踢腿和摆腿练习交替进行。

2. 侧压腿

预备姿势：并步站立，侧对把杆。

动作说明：左脚跟搁在把杆上，脚尖勾紧，右臂上举，左掌附于右胸前，上体向左侧压正。

要点：立腰、展髋，直体向侧下压正。

易犯错误与纠正方法如下。

两腿不直纠正方法：强调收胯、正髋，也可用手下压膝部。

上体侧压时前屈纠正方法：支撑腿脚尖外展，被压腿一侧髋尽量前送，向里掖左肩，右臂上举并向头后伸展。

教法提示：同正压腿。

3. 后压腿

预备姿势：并步站立，背对把杆。

动作说明：左脚背搁在把杆上，脚面绷直，上体后屈并做正压动作。

要点：挺胸、展髋、腰后屈。

易犯错误：两腿不直。

纠正方法：挺膝或同伴用手顶其被压腿膝部，另一手协助其上体立正。

教法提示：同正压腿。

4. 仆步压腿

预备姿势：开步站立。

动作说明：右腿全蹲，左腿挺膝伸直，脚尖内扣。两脚全脚掌着地，两手分别抓握两脚外。

要点：挺胸、立腰、沉髋，臀部尽量贴近地面。

易犯错误：步幅太小，髋关节拉不开。

纠正方法：逐步加大两脚距离。

教法提示：仆步正压时，不要太猛，以免拉伤韧带；仆步与弓步交替练习。

5. 劈叉

（1）竖叉

预备姿势：并步站立。

动作说明：两腿前后分开成直线。左腿后侧着地，脚尖勾起；右腿内侧或前侧着地。

要点：挺胸、立腰、沉髋、挺膝。

易犯错误：两腿不成直线。

纠正方法：在地上画一直线。

教法提示：练习竖叉时，先做压腿、摆腿和踢腿等练习，以免韧带拉伤。

（2）横叉

预备姿势：并步站立。

动作说明：两腿左右分开成直线，脚内侧着地。

要点：挺胸、立腰、沉髋、挺膝。

易犯错误：两腿不成直线。

纠正方法：在地上画一直线。

教法提示：练习横叉时，先做压腿、摆腿和踢腿等练习，以免韧带拉伤。

6. 搬腿

预备姿势：并步站立。

动作说明：左腿支撑，右腿向前上方举起，挺膝、脚外侧朝前；也可由同伴托住脚跟或膝部做正搬、侧搬和后搬练习。

要点：挺胸、展髋、腰后屈。

易犯错误：两腿不直。

纠正方法：挺膝或同伴用手顶其被压腿膝部。

教法提示：同正压腿。

7. 正踢腿

预备姿势：并步站立。

动作说明：两臂成侧平举，立掌，目视前方。左腿支撑，右腿挺膝，脚尖勾起向前倾处快速摆起，目视前方。

要点：挺胸、收腹、立腰、上摆过腰后加速用力，上体正直。

易犯错误：俯身弯腰。

纠正方法：收下颏，头上顶，直腰。

教法提示：先练压腿，再练踢腿；适当放慢速度。

8. 单拍脚

预备姿势：两脚前后站立。

动作说明：左手握拳抱于腰间，右掌在头右前上方举起，掌心朝前，目视前方。左腿支撑，右腿挺膝，脚尖绷直，向前上方快速摆起，当脚踝至面前时，右掌迎击脚面，目视前方。

要点：立腰，拍脚要脆、快、响。

易犯错误：脚跟离地，驼背。

纠正方法：脚掌踩实，身直立。

教法提示：先把肌肉和关节活动开，尽量往头上踢。

9. 弹腿

动作说明：左腿支撑，右腿屈膝提起接近水平，两拳抱于腰两侧，目视前方。上动不停，小腿猛力向前甩摆，挺膝、力达脚尖，大小腿水平成一条线，目视前方。

要点：挺胸、立腰、收髋，弹踢要有寸劲。

10. 蹬腿

动作说明：左腿支撑，右腿屈膝提起，膝部过腰，两拳抱于两腰侧，目视前方。上动不停，以脚跟为力点向前猛力蹬出，挺膝，大小腿成一条线，脚高过腰，目视前方。

要点：挺胸、立腰、脚尖勾紧，蹬出要脆、快、有力。

11. 侧踹腿

动作说明：右腿支撑，左腿屈膝提起，脚内扣，脚尖勾起，两手掌在胸前交叉成"+"字，身体微向右倾，目视左前方。上动不停，以脚跟为力点，向左上方横脚伸出，脚高过肩，上体右倾，两掌顺势向两侧撑开，目视左脚。

要点：挺膝、展髋，踹腿要脆、快、有力。

（二）腰功

1. 前俯腰

动作说明：并步站立，两手十指交叉，直臂上举，手心向上，上体前俯，挺胸、塌腰，两手尽力触地再松开。用两手绕过双腿，抱住两脚跟部，尽量使自己的上体、脸部贴紧双腿。

要点：两腿挺膝伸直，上体前俯时挺胸、塌腰、收髋。

2. 甩腰

动作说明：开步站立，两臂伸直前举，以腰为轴，上体做前后屈和甩腰动作，两臂也随之甩动。

要点：两腿伸直，腰部放松，后甩时抬头挺胸，甩腰动作紧凑而有弹性。

3. 涮腰

动作说明：两脚开立，略宽于肩，上体前俯，以髋关节为轴，两臂向左前下方伸出。然后挥动两臂，上体向前、向右、向后、向左做翻转绕环。左右甩腰交替进行。

要点：两腿伸直，以腰为轴，翻转绕环协调、和顺。

4. 下腰

动作说明：两脚开立同肩宽，两臂伸直上举，腰后弯，抬头，挺腰，双手撑地身体成桥形。

要点：两脚支撑站稳，膝关节尽量挺直，腰部后弯上顶，脚跟不能离地。

（三）肩功

1. 压肩

预备姿势：开步站立。

动作说明：两手抓握肋木，上体前俯并做下正压肩动作。也可以两人面对面站立，互相扶按肩部，做体前屈的振动压肩动作。

要点：挺胸、塌腰，臂、腿要伸直，振幅逐步加大，压点集中于肩部，增加外力时由小到大。

易犯错误：压肩幅度小、拉不开。

纠正方法：先调整人与把杆的距离，压肩时应挺胸、塌腰，臂腿伸直，肩带肌放松，压点集中于肩部。

教法提示：压肩时振幅应该逐渐加大，增加外力时应由小到大。

2. 单臂绕环

预备姿势：左弓步站立（以右臂环绕为例）。

动作说明：左手按于左大腿上，右臂上举，右臂由后向前绕环一周为后绕环，右臂由前向后环绕一周为前绕环。练习时，左右臂交替进行。

要点：臂伸直，肩放松，画立圆，逐渐加速。

易犯错误：绕环时，臂没有画立圆，动作僵硬不灵活。

纠正方法：做动作时，肩部放松，臂伸直，腰要协调配合。

教法提示：先压肩；绕环时，速度由慢到快。

3. 两臂前后绕环

预备姿势：开步站立，双臂垂于体侧。

动作说明：以肩关节为轴，左臂前绕环，右臂后绕环。练习时，左右臂交替进行。

要点：臂伸直，肩放松，画立圆，逐渐加速。

易犯错误：绕环时，臂没有画立圆，动作僵硬不灵活。

纠正方法：做动作时，肩部放松，臂伸直，腰要协调配合。

教法提示：先压肩；绕环时，速度由慢到快。

4. 两臂左右绕环

预备姿势：开步站立。

动作说明：两臂同时从右向左画立圆绕环，或同时从左向右画立圆绕环。

要点：臂伸直，肩放松，画立圆，逐渐加速。

易犯错误：绕环时，臂没有画立圆，动作僵硬不灵活。

纠正方法：做动作时，肩部放松，臂伸直，腰要协调配合。

教法提示：先压肩；绕环时，速度由慢到快。

5. 两臂交叉绕环

预备姿势：开步站立。

动作说明：两臂上举，两臂分别同时向前、后绕环。

要点：臂伸直，肩放松，画立圆，逐渐加速。

易犯错误：绕环时，臂没有画立圆，动作僵硬不灵活。

纠正方法：做动作时，肩部放松，臂伸直，腰要协调配合。

教法提示：先压肩；绕环时，速度由慢到快。

6. 抡拍

预备姿势：开步站立。

动作说明：成左弓步，同时右掌向前下方伸出，左掌心朝里，插于右肘关节处。上体不停，成右弓步，同时右臂抡至右上方，左掌下落至左下方。随即，上体右后转，同时右臂抡至后下方，左臂抡至前上方。既而转成右仆步，同时右臂拍至右腿内侧拍地，左臂停于左上方，目随右手。

要点：上抡贴近耳，下抡贴近腿。

易犯错误：两臂抡动不顺，上不能贴近耳，下不能贴近腿。

纠正方法：强调松肩，抡臂成立圆，抡臂与重心转换要协调配合。

教法提示：由慢到快做抡臂练习，然后逐步过渡到完整的抡拍练习。

（四）基本步形

1. 弓步

动作说明：两脚并步站立，两手握拳分别抱于腰侧，拳心向上。左脚向前迈出一步（约为本人脚长的 4～5 倍），屈膝半蹲，大腿成水平，脚尖微内扣，膝与脚尖垂直。右腿挺膝伸直，脚尖向斜前约 45°。两脚全脚着地，上体正对前方，目视前方。

要点：挺胸、塌腰、沉髋，前脚与后脚跟内侧成一直线。

2. 马步

动作说明：两脚平行开立（约本人脚长的 3 倍），脚跟外蹬，屈膝半蹲，大腿成水平，膝部不超过脚尖，两手握拳分别抱于腰间，目视前方。

要点：挺胸、塌腰、直背，膝微内扣。

3. 仆步

动作说明：两脚平行开立（约本人脚长的 4 倍），右腿屈膝全蹲，大腿和小腿靠紧，臀部接近小腿，脚尖和膝关节稍外展，左腿挺膝伸直平仆于地面，脚尖内扣，两脚全脚掌着地，两手握拳分别抱于腰侧，目视左前方。

要点：挺胸、塌腰、沉髋。

4. 虚步

动作说明：两脚前后开立，右脚外展 45°，屈膝半蹲，大腿接近水平。左脚脚跟离地，脚面绷平，脚尖稍内扣并虚点地面。膝微屈，重心落于右腿，两拳分抱于腰侧，目视前方。

要点：挺胸、塌腰，虚实分明。

5. 歇步

动作说明：两腿交叉全蹲，左脚全脚掌着地，脚尖外展。右脚前脚掌着地，右膝贴近左膝外侧，臀部坐于右腿接近脚跟处。两手抱拳于两腰侧，目视左前方。

要点：挺胸、塌腰，两腿靠拢贴紧。

（五）基本手法

1. 冲拳

动作说明：并步站立，两手握拳分别抱于腰侧，拳心向上，肘尖向后，目视前方。左拳从腰间向前推出，当肘关节离开身体一侧时，左前臂内旋并加速用力，力达拳面，臂伸直，高与肩平。同时右肘向后牵拉，目视前方。

要点：挺胸、收腹、拧腰、顺肩，推拳快速有力。

2. 劈拳

动作说明：预备姿势与冲拳相同。目视前方，右拳向左、向上经头上方向右下快速挥落，臂伸直，高与肩平，目视右拳。

要点：松肩、直臂，臂抡成立圆，力达拳轮。

3. 推掌

动作说明：预备姿势与冲拳相同。左拳变掌，由腰间向前立掌推出（当肘关节离开身体一侧时，前臂内旋并加速前伸）。臂伸直，高与肩平。同时右肘向后牵拉，目视前方。

要点：挺胸、收腹、立腰、拧腰、顺肩，出掌快速有力，力达掌外缘。

4. 亮掌

动作说明：预备姿势与冲拳相同。右拳变掌，由腰间向右、向上画弧至头部右上方，前有内旋，肘微屈，臂成弧形，虎口朝下，掌指朝左，掌心朝前上方，目视前方。

要点：挺胸、收腹、立腰、抖腕。

5. 架掌

动作说明：预备姿势与冲拳相同。右拳变掌，自腰间向左经腹前向头上方旋臂架起，臂微屈，虎口朝下，掌心朝前上方，目视前方。

要点：架掌时前臂内旋，松肩，上架以掌外沿为力点。

6. 挑掌

动作说明：预备姿势与冲拳相同。右拳变掌，自腰间经右向上弧形摆起，当摆至将近水平时，使掌抖腕竖起成立掌，掌指朝上，掌外沿朝右，目视右侧。

二、幼儿拳术

拳术是中国武术中徒手技法的总称，简称拳，古时有技击、手搏、使拳、拳法、白打等称谓。拳术在长期社会实践中，受不同因素的影响，形成了许多拳种流派，其运动风格和特点各异，分为以下七大类。

①长拳：姿势舒展，动作快速。

②八卦掌：姿势连绵，身灵步活。

③形意拳：动作简练，发力较刚。

④南拳步：稳健热烈，刚劲有力。

⑤通背拳：放长击远，发力顺达。

⑥劈挂拳：大开密合，长击冷抽。

⑦太极拳：舒展柔和，轻灵圆活。

虽然不同拳种特点不同，但套路都是由手形、步形、手法、步法、腿法以及数量不等的跳跃、平衡、跌仆、滚翻等动作与技术组成。练习拳术要求动作规范，手、眼、身、步配合协调，还须与意识、呼吸紧密结合，达到内外合一、形神兼备。通过拳术的锻炼，人们不仅能掌握攻防格斗技术，还能提高人体各系统机能和身体素质，并为进一步学习武术器械项目打下良好的基础。

幼儿武术应该结合配乐，在课程的安排上应该以武术操为主，武术教学占整个教学内容的60%，武术游戏占30%，武术套路占10%。同时，教师应该采用游戏化的语言、形式来教授幼儿武术动作，这样会激发幼儿学习武术的兴趣。

根据大、中、小班年龄特点选择合适的教学内容，大班孩子以配乐武术操、小套路为主，中班小孩以武术基本功、配乐武术操为主，对于那些刚入园的小班孩子，则以武术故事、武术游戏为主。教师应尽可能采用能够调动幼儿主动性的方法，锻炼幼儿的观察和思考能力，用游戏练习的形式调动幼儿学习的积极性，发展幼儿武术，培养幼儿兴趣，发挥幼儿想象力，可以尝试让幼儿自编自演，满足幼儿的娱乐需要，同时在潜移默化中学习武术。

三、幼儿持器械武术

幼儿武术器械即在幼儿武术教学活动中辅助教学的工具。在幼儿武术教学活动中，教师不仅需要具备一定的教学能力，掌握相应的教学方法，还需要运用相应的幼儿武术器械来辅助教学，从而更好地完成教学任务。因此，在幼儿教学活动中，教师应选用恰当的幼儿武术器械以及其他相关的学习用具进行教学。幼儿武术器械作为幼儿学习武术的相关辅助工具，是引导和促进幼儿对武术产生兴趣的一种非常有效的手段。

（一）幼儿武术器械在幼儿武术教学中的意义

1. 幼儿武术器械能使幼儿主动学习

在幼儿武术教学活动中，合理运用幼儿武术器械对提升幼儿学习武术的效率和兴趣都有重大意义。幼儿的武术学习离不开幼儿武术器械，这与幼儿期的年龄特征、心理特征都有直接关系。对幼儿而言，有了器械的武术学习不再是一种负担，而变得更轻松、更有趣，会更好地调动学习热情和创造欲望，让幼儿在宽松、愉快的氛围中主动学习。

2. 幼儿武术器械能使幼儿快乐学习

在幼儿武术教学活动中，合理使用幼儿武术器械有利于促进幼儿主动求知学习，有利于增强幼儿对武术的理解和操作能力，可以很好地满足幼儿的个性化需求。有效使用幼儿武术器械，会使枯燥变为有趣，使抽象变为具体，激发幼儿的学习兴趣，使幼儿学中玩、玩中学，轻松学习，快乐学习。

3. 幼儿武术器械能培养幼儿创新能力

在幼儿武术教学活动中，合理使用幼儿武术器械能有效地培养幼儿的创新思维和能力，达到意想不到的教学效果。例如，将挂历纸刷上油漆做成金箍棒，通过训练金箍棒的武术动作，不仅使幼儿在武术情景游戏中锻炼了跳跃、平衡的能力，而且使幼儿养成了勤于思考、勇于创新的优良品质。

（二）选用幼儿武术器械的注意事项和方法

1. 选用幼儿武术器械的注意事项

根据教学目标和教学内容合理选用适合幼儿的武术器械，既要考虑幼儿武术器械在哪些环节中使用，又要考虑幼儿武术器械的安全问题，以及如何运用幼儿武术器械达到更好的教学效果。切忌因选用幼儿武术器械的种类过多，或选用样式不当而起不到提高教学效果的作用，或是因选用不当导致幼儿注意力分散，影响教学效果。

2. 选用幼儿武术器械的方法

（1）武术器械的使用要遵循幼儿的身心发展特点

根据教育目标和内容的要求，合理选用器械种类，充分发挥幼儿武术器械在教育教学活动中的促进作用，进一步激发幼儿的学习兴趣，培养幼儿的动手操作能力，促进幼儿全面协调发展。

（2）根据幼儿的年龄特点选择合适的武术器械

不同年龄段的幼儿，其认知能力、动手能力、人际交往能力等都存在差距。不同年龄段的幼儿对幼儿武术器械的要求也不相同。为中、小班幼儿提供的武术器械既要美观有趣，又要调动幼儿的多种感官，让幼儿在体验和游戏中学习。为大班幼儿提供的武术器械，要在中、小班幼儿需求的基础之上满足幼儿动手操作的需求，促进幼儿间相互合作、相互交流，共同学习。

（3）武术器械的选用要确保质量和安全性，且数量适宜

目前，幼儿园中可供选择的幼儿武术器械很多，有的是从市面上购买的，有的是由教师利用废旧物品制成的，或者是利用自然材料（沙、土、水等）制成的。无论是何种材料，首先应考虑材料的质量和安全性。如果是废旧物品制成的就应消毒后使用，如果是市面上购买的要看其是否含有害物质，是否符合质量安全标准。在武术器械使用过程中，教师要阻止低龄幼儿的不当使用。同时，幼儿武术器械的数量要合理，分配要均匀，避免幼儿间相互争执。大班幼儿使用的武术器械教师要积极引导、协作配合，培养幼儿的分享和合作意识。

(4)教师在幼儿使用武术器械时要加强引导

在幼儿武术教学活动中,离不开幼儿教师的引导,要充分发挥幼儿武术器械在教学活动中的促进作用。首先,教师要善于观察幼儿在学习过程中的学习态度、认知能力及幼儿间存在的个体差异,从而合理地选用幼儿武术器械。其次,教师在发挥好示范作用的同时,要鼓励、启发、引导幼儿在运用武术器械过程中进行创新性活动。最后,教师要对幼儿武术器械的使用效果进行记录、分析、总结,为更好地发挥幼儿武术器械的作用积累经验。

第四章 幼儿武术操的教学原则与方法

教学原则是教学过程客观规律的反映，是在长期教学实践中积累起来的具有普遍意义的经验总结和概括，也是所有参加教学活动的师生都应遵循的基本原则，应贯彻在整个教学活动中。幼儿武术的教学要在教师的指导和幼儿的参与下，遵循动作技能形成的生理学规律，有针对性地选择和运用能直接提升幼儿武术教学效果、促进教学任务完成的各种措施和办法。

第一节 幼儿武术操的教学原则

幼儿武术操教学中，只有把握好幼儿的身心特点和学习特点，遵循幼儿武术教学原则，并贯彻执行于教学全过程，才能科学有序地完成教学目标。

一、思想性原则

根据幼儿身心发展的特点和实际情况，幼儿期的德育只是道德品质教育即品德教育。幼儿的品德并不是天生的，而是在社会道德舆论和家庭环境的熏陶下，在与周围成人和同伴的日常生活交往过程中逐渐形成和发展起来的。历史证明，任何一个时代培养人才，都不只限于单纯地传授知识，而让受教育者具有一定的道德品质也是非常重要的。武术锻炼不但能增强体质，更重要的是能培养人的意志品质，培养爱国主义情怀、公平主义的品格和坚贞不屈的情操，即武术精神。在幼儿武术教育教学活动中贯彻思想性原则，就是要运用多种教育手段和方法，遵循一定的准则，对幼儿实施品德教育。幼儿教育要从小一点一滴抓起，为培养有理想、有道德、有文化、有纪律的一代新人打下坚实的基础。

二、教师主导性原则

主导性原则主要强调教师对课程的教育引导及指导作用。它体现在以下四个方面：

第一，在教学中有效地组织、调动幼儿队伍，以适应教学的需要；对教学中出现的不正常行为进行管理，以保证教学的正常进行。

第二，指导幼儿正确地进行学习，纠正学习中的错误，制造欢快、紧张、激烈的学习氛围。

第三，掌握教学结束的时机。一个武术操做多少次或者做多长时间最为合适，需要教师对运动负荷量、幼儿的情绪、所花时间长短等各种情况进行综合考虑。

第四，幼儿年龄较小，他们学习武术的热情并不是一直那么高涨，在练习武术动作时，也不能长时间保持用力。他们的坚持性较差，往往是老师说一说，他们动一动，所以，老师要以自己最大的热情去感染孩子，在带领幼儿练习武术时，教师要精神饱满，做好幼儿的榜样。同时，老师要不停地提醒幼儿，使他们能够持之以恒地做最漂亮的动作。

三、因材施教原则

在幼儿武术活动中，除了考虑幼儿的年龄特点以外，还要考虑幼儿的个体差异，因为不同幼儿的健康状况、体质、活动能力都有所不同。有的幼儿活泼健壮，动作敏捷，有的幼儿胆小体弱，动作迟缓。只有考虑到幼儿的个体差异，为他们提供适宜的活动内容，才能使每个幼儿都有锻炼的机会，在各自的基础上都有所提高，才能更大程度地促进其身体机能的协调发展。

因材施教是建立在"以人为本"理念基础上的育人基本原则，主张教育要以受教育者的个性为依据，发展个性特征，培养良好个性与改造不良个性相统一，主张尊重个性差异、实施差别教育。幼儿武术活动设计要做到因材施教，教师就必须了解学生，从学生的实际出发进行教学活动设计，既要考虑幼儿群体的共性，又要照顾个别幼儿的特点，采取集体、小组、个别活动等多种教育形式，促进每个幼儿个性良好的发展。

四、直观性原则

直观性原则是指尽量利用幼儿的各种感官和已有的经验，通过各种形式的感知来丰富幼儿的感性认识而获得生动的表象，并与积极思维结合，使其掌握动作技能，发展观察力和思维想象力。实践证明，教学效果与幼儿利用各种感官进行感知的程度密切相关。贯彻此原则应注意以下三个问题。

（一）直观形象化，示范标准化

教师除做好示范动作外，还应该尽量利用各种教具使动作形象化，加深幼儿对动作的印象，提高感知的清晰度，形成正确的条件反射。

（二）讲解儿歌口诀化

采用生动的口诀和儿歌形式来刻画动作要领，使幼儿听得懂、易领会、记得牢，并且乐于练习，这必然会加快动作学习的速度。

（三）动作学习模仿化

根据幼儿模仿能力强的特点，教师可让幼儿观察新学动作的特点、结构及运动轨迹，或在整体动作中突出某环节所处的位置及相互关系来提高幼儿学习动作的质量。

五、兴趣性原则

兴趣是人对客观事物的一种特殊认识倾向，这种认识倾向总是带有快乐、欢喜和满意的情感体验。因此，在幼儿武术操教学中，激发幼儿的学习兴趣是提高他们主动性与积极性的重要条件，教学内容设置应具有欢乐感，易吸引幼儿的注意力，以促进他们愉悦地学习武术的各种动作，并获得事半功倍的教学效果。贯彻此原则时应注意以下两个问题。

（一）激发幼儿对武术学习的兴趣和注意力

兴趣可分为认识兴趣、操作兴趣和创造兴趣。认识兴趣是操作兴趣和创造兴趣的前提，所以，教师在武术操教学过程中应充分利用挂图、投影、录像及视听材料，启发幼儿的认识兴趣，在活动中提高操作兴趣，诱导创造兴趣。

（二）游戏活动是提高幼儿兴趣的主要手段

兴趣是学习的向导，教师应当依照幼儿身心特征，在幼儿武术操教学过程中科学地把基本动作编排成各种各样的游戏活动，通过游戏的方式使幼儿对学习的内容产生兴趣。

六、快乐性原则

快乐性原则是指创设生动、优美的场景，采取有趣的各种形式，进行幼儿武术操教学，从而激发幼儿学习的主动性，使幼儿在一个快乐的教学环境中掌握技能，达到寓教于乐的目的。贯彻此原则应注意以下三个问题。

（一）创造优雅和谐的教学环境

教师要精心布置、合理美化教学环境，使幼儿在充满快乐的气氛中去学习，从而激发他们的学习欲望。

（二）设计生动活泼的活动方式

幼儿的注意力和持久力是瞬间变化的，它随着教学场景和活动方式及内容的改变而改变。因此，活动方式要生动有趣，吸引幼儿的注意力。

（三）教具要充足适宜

幼儿学习武术操，就动作和形式而言，应避免单调、枯燥，可使他们在欣赏和使用教具的同时进行动作练习，提高学习效果，在快乐中求发展。

七、科学性原则

科学性原则是指教学要以科学理论和学科内容之间有规律的联系为依据。科学性原则的运用，应遵循人的认识发展规律和人体机能活动规律，从教学内容和方法到活动负荷都应遵循由易到难、由简到繁、由已知到未知的原则。贯彻此原则应注意以下三个问题。

（一）教材内容的科学性

教材的深度和广度及它们之间的内在联系都应符合幼儿年龄、身心特点和接受水平，使他们通过学习与活动能达到预期的教学目的。

（二）知识技能的系统性

根据教学内容之间的顺序，以一定的层次结构进行教学，即前面教学内容是后面的前提，后面的内容以前面为依据；前一个动作是学习后一个动作的基础，后一个动作是前一个动作的延伸。通过这样不间断地循环和积累，才能使幼儿系统而全面地掌握武术操。

（三）活动负荷的合理性

要根据幼儿的年龄、身体和心理特点科学地安排身体负荷量，使学习和休息合理交替，不断改进教学方法，提高幼儿活动的兴趣，增强幼儿的体能。

八、身体全面发展原则

身体全面发展原则是指在幼儿武术操教学中，要使幼儿身体的各个部位、各器官系统的生理机能以及基本活动能力得到锻炼和发展。促进幼儿身体全面发展是幼儿武术操教学的主要任务。幼儿的身体正处在生长发育的重要时期，可塑性大，选择多种多样不同性质的身体练习，可以保证全面协调地发展幼儿的身体形态和机能。

人体是在大脑皮层统一调节下的有机整体，身体各部位、各器官系统的机能、各种基本活动能力和身体素质之间是互相联系、互相制约的，身体某一方面得到锻炼和发展，也会影响身体其他方面的发展，这对幼儿尤为重要。贯彻此原则应注意以下两方面问题。

（一）制订幼儿武术操教学计划

幼儿武术十分重视上下肌肉协调配合和左右配合的平衡发展，这些肌肉的协调配合有助于幼儿认识和理解上下、前后、左右、高低、先后、快慢、空间和时间等概念，从而能提高他们认识周围事物的能力，有效发展幼儿的观察力、注意力、记忆力、思维力、想象力；有利于开发大脑右半球的潜力，使幼儿智力全面发展。制订学期计划、周计划、日计划、课时计划时，必须使各项内容合理分配，活动内容之间互相搭配，尽量保证全面锻炼幼儿身体。

（二）教学形式和方法多样化

武术操教学应避免长时间进行单一的姿势活动，恰当地运用直观手段和生动形象的语言，在教学中融入多样的课堂游戏，将武术动作生动化、具象化。

九、安全性原则

安全是武术操教学中最重要的一个因素。在学习过程中有蹦、跳、蹲等动作，需要幼儿在学习前进行热身，教师在教学中要注意幼儿的安全问题。

其一，要保证活动中幼儿身体的安全。由于儿童的骨骼并未完全骨化，自我保护能力不够，容易脱臼和损伤，因此，有危险的动作不能带到武术操教学活动中来；有疼痛感的动作应该从幼儿武术中去掉；幼儿的肌肉容易疲劳，耐受度低，因此，不宜长时间练习某一个固定的静态动作。其二，由于幼儿好动，所以应该加强幼儿的安全教育，在练习的同时提醒幼儿注意自己和他人的安全,在活动中避免触及他人。对于武术器械,如刀、枪、棍、剑等在较小的幼儿中尽量不要使用。幼儿武术大多应去掉含有攻防意义的基本动作,同时,还应该对幼儿进行武德启蒙教育。

第二节 幼儿武术操的教学方法

教学方法是指在教学过程中完成教学任务的途径或手段。教学方法是根据教学任务、内容、对象及具体条件来确定的,在幼儿武术操教学活动中,所运用的教学方法必须符合幼儿的身心发展特点,有效促进幼儿身体全面发展。

一、语言法

语言法是教师运用语言进行教育和教学的方法,它对激发幼儿学习和锻炼兴趣,组织教学,讲清动作要领,指导幼儿掌握教材,发展幼儿智力等具有重要意义。语言法有下列方法。

(一)讲解

讲解是语言法中主要的方法。运用讲解法时应注意以下几点:
①讲解的内容要正确,要符合幼儿的知识水平和理解能力。
②讲解内容要简明扼要、重点突出。
③讲解时,语言要形象、生动,有感染力和鼓动性。这就要求教师对所教动作和游戏有感情,善用比喻和象声词,讲解时,注意语调、节奏、表情、手势、动作的巧妙变化和结合。
④讲解要有启发性。启发的目的是让幼儿在认识过程中活跃起来,或引导其观察,或提示其回忆,或激发其思维和想象。用提问方式时,问题要提得具体,适合幼儿水平,特别注意不要用暗示性的、"是非式"的提问。

⑤在体育教学中,要教幼儿丰富多样的动作,同时幼儿要在一定的时间和空间中活动,并和同伴们交往密切,这给语言的发展提供了有利条件。教师应在教学中,通过讲解与启发和组织幼儿议论等方式,丰富幼儿词汇,发展其语言能力,促进其智力发展。

⑥讲解与练习结合、讲解与示范结合是武术操教学中运用讲解法的一个重要表现。讲练结合要求练什么讲什么,具体做法是讲讲练练或是边讲边练,讲练时机和时间要把握好。讲解和示范结合包括内容与进行顺序等方面的安排。是先讲解还是先示范,或是两者兼用都要周密考虑,在教学过程中灵活变化。

⑦要掌握讲解的时机,注意讲解的站位。一般要在幼儿注意力集中、情绪较稳定时讲解,当幼儿情绪激动、东张西望、叽叽喳喳说话时,讲解的效果是不会好的。若幼儿在活动中表现良好时要抓住时机及时讲评。教师讲解时站的位置要使所有幼儿都能听得清、看得见。

(二)语言提示

语言提示是指在幼儿做练习时,教师用简短明确的语言提示和指导幼儿活动。它的优点是明确、具体、及时和针对性强。它不仅用于指导做动作和组织教学,还用于品德和安全教育。用语言指示时,必须简单明确、要求具体所用语言应是幼儿懂得的和熟悉的,声音要有感情和鼓动性,不要太大和太突然,以免惊吓幼儿,影响教学。在提示幼儿遵守纪律和纠正不正确行为时,不能用训斥、埋怨和恐吓的语言。

(三)口令和信号

熟练而灵活地运用口令是教师进行武术操教学不可缺少的技巧。口令要洪亮、清晰、准确,语气要果断,声调要有感情。信号是指用拍手、鼓声、音乐、呼数、哨音等声响来帮助幼儿做练习的方法。如用喊数指挥幼儿做操,以保持动作整齐一致,让幼儿分清轻重,掌握节奏;用鼓声来培养幼儿动作节奏感,调节步频,激发活动兴趣,活跃游戏气氛。如有条件可用音乐伴奏,它既能培养幼儿的节奏感、韵律感,又能增加动作的情感色彩,培养美好的情感。信号的运用要及时,声音高低要适当,像音乐、鼓点等连续信号的速度和节奏都要根据动作和游戏情节的需要而变化。

（四）评价

教师评价要用简短的表达方式，有时只是用一两个字如"对""好""不对"，也可用二三句话，有时不用语言，而用手势、点头或摇头，甚至用眼神和表情来表达肯定或否定的评价。

二、示范法

幼儿习惯于形象思维，好模仿，对语言的理解能力还不够强，所以示范在幼儿武术教学中具有重要地位。根据不同的分类标准，示范可分为完整示范和分解示范（个人示范和集体示范），正面、侧面、镜面和背面示范，动作示范和活动方式示范等。教师应根据教学需要，采用适当的示范方式。示范应注意以下几点。

（一）要有明确的目的

每次示范都应明确所要解决的问题，示范什么，怎样示范，都要根据教学任务和幼儿情况而定。示范的目的是激发幼儿对动作的兴趣，一般是先做一次正常速度的完整示范，然后根据教学要求和幼儿情况再做1~2次速度减慢的示范或局部示范，有时可边示范边讲解。但示范次数不宜太多，以免分散幼儿注意力，影响锻炼积极性。

（二）示范要正确并力求熟练、轻快、优美

第一次的动作示范常会给幼儿留下鲜明、深刻的印象，对动作概念的正确建立和运动性能的形成都会起重要作用，因此，教师一定要力争做好。教师一般不要模仿幼儿的错误动作，因为幼儿好奇、爱模仿，看了错误示范常会跟着学。不要让动作有错误的幼儿出来做动作让大家分析，这会伤害幼儿的自尊心。可让动作做得好的幼儿出来做示范，但不要总让固定的几个幼儿出来示范，以免引起骄傲情绪。

（三）要引导幼儿观察示范，发展其观察力

示范前，要集中幼儿注意力，激发他们的观察兴趣，也要引导他们选择观察顺序和观察部位。在幼儿轮流做练习时，教师可引导幼儿互相观察，并结合讲评。

（四）教师要力求自己做示范

如果有的动作限于教师本人的条件不便亲自做示范，可请幼儿做示范，但应在事前帮助他们把动作做正确。有些动作由于器械的高度和宽度不适合教师做示范，也可以要求幼儿做示范。但通常教师应力求亲自做示范。

（五）注意示范的位置、方向和速度

示范的站位应选择在幼儿都能看清楚且教师也能看到幼儿的地方。幼儿应背着阳光、风向和容易分散幼儿注意力的事物站立。示范方向要根据动作特点和要让幼儿观察的部位而定。幼儿站成圆圈时，教师所做的示范一般是不分左右的。领操时要做镜面示范，即教师与幼儿面对面站立，教师的动作方向与幼儿动作方向相反。一般不做背面示范，因为背向幼儿做示范，不能及时了解幼儿练习情况并予以指导。可以要求幼儿做背面示范，教师从旁指导。示范基本采用正常速度，但给年龄大的幼儿做示范时，为了使幼儿看清楚动作的方向、路线，可以把示范的速度加快。

三、完整法和分解法

完整法是将动作一次性完整地教授给幼儿，从开始姿势一直到结束，不分部分、不分环节。其特点是便于幼儿掌握动作的完整概念，但不易使幼儿掌握动作中较难的环节。

分解法是将某一动作分成几个部分，按部分依次教给幼儿，然后联结成整体。此方法有利于幼儿更快、更好地掌握动作的某一部分。

在幼儿武术操教学中，对一些简单动作（徒手操）可采用完整法，而在教学某些较难动作或完整动作的过程中，可突出重点，分解某动作的环节，

让幼儿反复练习直到掌握。运用完整法与分解法时应注意以下三方面问题：

①不太复杂的动作要采用完整法，抓住动作的主要部分。

②分解教学要考虑动作技术的结构特点，防止人为分解。在动作分解到一定程度之后，应适时采用完整法以使幼儿迅速形成完整的动作概念。

③了解两种方法的优点和不足，针对具体情况灵活使用。

四、练习法

只有多次反复地练习才能让幼儿形成正确的动作概念，掌握动作技能，达到增强体质和磨炼意志的目的。幼儿在教师指导下，有目的地重复做一个动作练习是完成教学任务的基本方法。运用练习法时应注意以下五方面问题：

①目的明确，要求具体，练习中及时给予技术指导。

②练习方法要多样化，要提高幼儿的兴趣，练习中要分清主次，突出重点。

③练习的数量、强度、间歇要适合大多数幼儿的体能。

④要引导幼儿把看、听、想、说、练结合起来。

⑤注意掌握幼儿的情绪变化，保证幼儿以愉快、放松的情绪去参加活动，掌握动作。教师在教态、教法、练习方法等方面所采取的措施，要能激发幼儿的情感，以提高练习的效果和质量。

五、保护与帮助法

幼儿自身的控制能力和协调能力差，神经、肌肉、感知觉系统都处在发育过程中，所以，在幼儿武术操练习过程中还需要通过保护措施和具体的帮助来使幼儿加快动作的掌握，从而减轻幼儿的生理和心理负担，消除幼儿的紧张情绪，促使其形成正确完整的动作概念。运用保护与帮助法时应注意以下三方面问题：

①应根据动作特点，选择最适当的场地。

②保护与帮助的方法要正确，手法要熟练。

③创造条件，自制保护器材。

六、音乐律动法

音乐律动法即在幼儿武术操活动过程中，结合幼儿的年龄和身体特点，选编一些美妙动听的音乐和儿歌，使幼儿在良好、快乐的场景条件下，把身体充分动员起来，掌握动作技能，提高节奏感、韵律感及艺术审美感。运用音乐律动法教学时应注意以下两方面问题：

①选取音乐应适合幼儿特点。
②动作与音乐节拍要配合。

七、模仿法

模仿法符合幼儿爱模仿的心理特点，是幼儿感兴趣和内心容易接受的一种教学方法。教师根据基本武术动作，选择幼儿熟悉并感兴趣的形象动作让幼儿进行练习，有利于幼儿正确掌握动作，如通过模仿兔子跳来学习双脚连续向前跳等。可见，模仿是幼儿进行基本武术活动时直观教学的生动体现。运用模仿法时应注意以下三方面问题：

①教师模仿的动作要形象逼真。
②模仿的形象动作应是幼儿所熟悉的。
③要考虑能否全面发展幼儿的身体。

八、游戏法

游戏法是指以游戏的方式组织幼儿进行武术操练习。它是重要且有效的教学方法之一。因为游戏是幼儿主导的活动，也是他们最喜欢的一种活动。年龄越小，游戏法在练习中占的比重越大。游戏法的突出优点是能激发幼儿兴趣，充分发挥幼儿个人的主动性和创造性，能有效地开发幼儿的智力，培养幼儿优良的道德品质。运用游戏法时应注意以下三方面问题：

①根据教学任务要求来确定具体的游戏内容。
②游戏活动要有一定的负荷量。

③要保证全体幼儿都有大体相同的活动机会。

九、竞赛法

根据教学任务的要求，提出竞赛具体条件，在比赛的情况下进行练习。比赛的主要特点是带有竞争性，可激发幼儿情绪，使体能得到发挥，也能培养幼儿的进取心。竞赛法有利于调动幼儿的练习积极性，提高练习强度，培养幼儿意志品质、竞争能力和集体主义观念。

竞赛法分为个人比赛和小组比赛，可根据教学任务和教材性质，灵活运用比赛的方式和方法。因竞赛法通常是在幼儿已熟练掌握动作的情况下运用，所以一定要提出具体要求。在分组比赛时，各组力量要均等，要有裁判公正评判。另外，运用竞赛法易使幼儿兴奋、激动，容易出现个人道德品质和意志品质问题，教师应不失时机地对幼儿进行有针对性的教育。运用竞赛法时应注意以下三方面问题：

①开展竞赛时要做好准备工作，严格执行竞赛规则。
②严格控制幼儿活动负荷量。
③要根据参赛幼儿的具体情况来选择竞赛内容与形式。

第五章　幼儿武术操的创编与实例

第一节　幼儿武术操创编概述

武术又称国术或武艺，是打拳和使用兵器的技术，是中国传统的体育项目。其内容是把踢、打、摔、拿、跌、击、劈、刺等动作按照一定规律组成徒手或器械的各种攻防格斗功夫、套路和单式练习。武术具有极其广泛的群众基础，是中国人民在长期的社会实践中不断积累和丰富起来的一项宝贵的文化遗产，是中华优秀传统文化遗产之一。

幼儿体育是幼儿和谐发展教育的一个有机组成部分，是幼儿健康教育的重要内容之一。在诸多的体育运动和锻炼项目中，武术既能增强体质又能防身，通过练习可提高幼儿速度、耐力、灵敏、协调等身体素质，发展基本动作，以达到强身健体的目的，从而增强幼儿身体对外界环境变化的适应能力。幼儿的身高、体重处于稳速增长阶段，他们的大脑正处于发育的第一次高峰期，特别活泼好动。我们应努力开展幼儿武术活动，着力通过开展丰富多彩的武术游戏，来增强幼儿体质，提高抵抗力；通过武术活动培养幼儿健全的人格，养成善于交流、交往、与人合作的精神，培养幼儿自信、勇敢、坚强、不怕挫折的良好心理品质。

幼儿在身体发育过程中，一方面，精力充沛，身体开始变得结实、体力渐佳，可以步行一定的路程；基本动作更为灵活，不但可以自如地跑、跳、攀登，而且可以单足站立、抛接球、骑小车等，手指动作比较灵巧，可以熟练地穿脱衣服、扣纽扣、拉拉链、系鞋带，也会完成折纸、穿珠、拼插积木等精细动作。另一方面，由于幼儿骨骼、肌肉、心脏、肺脏等器官机能尚处于初步发展阶段而较为柔弱，因此不适宜进行大运动量、高难度的动作锻炼，更不能进行运动员化的竞赛和训练。因此面对这一年龄阶段的幼儿，教育者应该多开展符合其年龄特点的"故事化、生活化、趣味化"的"走、跑、跳、爬、钻、投掷、平衡"等动作练习及轻器械的玩耍游戏来锻炼幼儿身心，提高幼儿体能。

幼儿的活动需要和模仿欲望日益强烈，但身体骨骼肌肉尚不强健，器官组织的机能尚未成熟，他们的运动需要与身体机能之间存在较大矛盾，他们的身体活动需要成人有目的地控制、指导和安排。幼儿身体还较为柔弱，对疾病的抵抗和免疫能力较低，易患各种季节性传染疾病，身体易受侵害。因此，教育者要在关注幼儿营养、学习、生活的同时，注重帮助他们养成良好的早睡早起、讲究卫生的习惯；要给予他们充足的进行户外体育游戏和身体锻炼的机会，通过增加幼儿的体育游戏活动内容和时间使他们熟练基本动作，培养他们对体育的兴趣，增强他们的运动能力，提高他们的身体素质，进而达到增强幼儿体质的目标。

一、创编原则

（一）根据幼儿身心特点，全面锻炼身体

根据《3—6岁儿童学习与发展指南》，幼儿武术操的创编要符合幼儿的生理和心理特点，即发展幼儿的身体平衡能力、协调性以及神经系统。幼儿武术操的创编要充分考虑安全问题，武德教育要与幼儿年龄相适应，创编出来的武术操要具有易学、易练、易教等特点，以保证幼儿可以理解动作，且符合《3—6岁儿童学习与发展指南》的要求，对幼儿今后的生活以及人格方面的培养起到积极作用。在编排时，首先要考虑幼儿武术操的目的是增进健康，促进幼儿身体的生长发育，提高和完善幼儿的身体机能和动作技

能。所以，在编排过程中就应选择有利于发展身体各部位的灵活性、柔韧性和协调性的动作，并选择适合幼儿年龄和身体特点的体操技巧动作和舞蹈动作，切忌难度过大的技巧动作。

（二）根据表演规则创编

在创编成套幼儿武术操动作时，必须根据规则所规定的动作内容、数量、时间、场地、音乐及其他因素进行编排。

（三）根据幼儿实际情况创编

在动作的创编上，一要实事求是，综合考虑幼儿的身体条件，动作技术基础，接受能力等方面，再决定创编动作的难易程度；二要根据幼儿的身形特点，扬长避短，突出特色。比如，幼儿身材修长，多选幅度大、舒展优美的动作；若幼儿的柔韧性很好，就应在做操、踢腿、平衡或技巧动作上表现出肩、胸、腰、髋的灵活性和柔韧性。

（四）根据合理的运动负荷创编

心率是检查心脏机能的重要指标之一，也是评估负荷量的参照指标。运动强度、密度和运动量是影响心率的重要因素。经专家测试，女孩表演完成一套幼儿基本体操的最高心率在 159～189 次/分钟。表演结束后 1～2 分钟内，有 73% 的幼儿心率可以恢复到表演前的水平。因此，合理的运动负荷才能使幼儿获得锻炼身体的效果。

（五）根据体育美学的形式美法则创编

形式美法则是人类运用形式规律创造美的形象的经验总结。整齐、层次、和谐、对比、均衡、节奏、多样和统一等都是形式美的表现形式，在创编幼儿武术操成套动作时必须遵循这一美学规律。在成套动作编排中，技巧动作和舞蹈动作要均衡合理地布局，动作节奏的快慢和力度的强弱等都要用对比的方法表现出来。整齐、和谐、层次等表现形式在创编中尤为重要，因为幼儿武术操动作的表演是通过队形的变化和移动表现出来的。队形的层次感、动作的整齐划一以及音乐、动作与队形的和谐统一，使整套动作充满艺术魅力。

二、创编要素

（一）时间

无论是创编教学，还是表演成套动作，都要受一定的时间限制，必须在规定的时间内完成动作内容。编排教学动作的时间选择比较灵活，可长可短，而编排正式表演动作的时间，必须严格按照规则规定的时间内进行，时间超过或不足，均要扣分，这是一个不能忽视的问题。

（二）人数

根据表演内容的不同，人数可多可少，男女均等或不等。

（三）场地

根据场地条件来选编和设计队形，要充分利用场地。

（四）队形

队形的变化是幼儿武术操的重要组成部分之一，队形的数量可按竞赛和表演规程上所规定的数目来设计。丰富多彩的队形变化能很大程度地提高武术操的表现力和感染力，所以一套武术操的队形变化是非常重要的。

（五）音乐

音乐不仅仅是同一动作的信号和节拍器，更是幼儿基本体操的灵魂，而且能促使幼儿更具表现力地去完成动作，使幼儿武术操更有感情色彩，同时展现出武术操的主题内涵和风格特点。往往一首动听的音乐可以激发创编者的创作热情和灵感，使音乐与动作相互交融，和谐统一。

（六）动作

一套幼儿武术操动作由几十个单体动作组成，没有单体动作就没有完整成套的武术操，所以单体动作是表现幼儿发育情况、身体素质水平、运动技能以及艺术表现力的综合要素，单体动作的好坏是成套武术操表演成功与否的前提。

三、成套动作的创编步骤

成套动作的创编是一项复杂而富有创造性的工作，是一个反复的、较长的过程，大致可分为构思阶段、选择音乐阶段、设计动作框架阶段、落实具体动作阶段和修改完善阶段。

（一）构思阶段

创编动作首先要根据任务、对象特点与当今流行趋势进行设想，其中包括对音乐的设想、队形变化的设想和成套动作风格的设想等。

（二）选择音乐阶段

在创编动作之前，选择和确定音乐是十分必要的，音乐是构成武术操的重要部分。选择的音乐一要有特点，节奏的速度变化要适合武术操；二要能够激发创编者的创作激情，促进创造性的思维和想象。音乐基本确定以后，可以根据整体动作的构想来剪辑和选编，有条件的可以利用MIDI重新制作，这样效果最好。

（三）设计动作框架阶段

教师应根据表演任务的要求、创编的原则和音乐的风格特点等设计出武术操成套动作的核心部分，如开场结尾的设想、表演的风格、高潮的设置以及主要队形的设计，都要先在脑海中有一个初步的动作框架。

（四）落实具体动作阶段

在框架的基础上，把经过精心选择和设计的动作安排进去，使每个动作的做法、方向路线、连接技巧，以及音乐与动作的协调配合都基本合理，并恰到好处地构成一套完整的武术操。

（五）修改完善阶段

修改完善是一个再创编过程，需要一丝不苟地从成套的动作、路线、队形变化、音乐配合、场地使用，以动作方向、角度是否有利于表现动作的幅度和美感效果等方面去发现、衡量，通过练习—修改—再练习—再修改，如此多次反复，力求达到完美境界。这一阶段需要在教师和幼儿的共同努力下完成。

四、武术操创编术语解释

（一）创编武术操的一般性术语

①描述身体部位的术语：头、手、脚、肩、肘、腕、髋、膝、踝等。
②描述方位的术语：前、后、左、右、上、下、前下方、前上方和正前方等。
③描述动作关系的术语：依次、同时、经、至、变、成等。
④描述步法的术语：上步、进步、退步、移步、叉步、疾步、击步、跳步、纵步等。
⑤描述身体运动方式的术语：拧转、折叠、翻转、起伏等。
⑥描述呼吸方法的术语：吸气、呼气、提气、托气、聚气、沉气等。

（二）创编武术操的专门性术语

武术专门性术语是指武术运动中常用的解释武术技术和动作的专用术语。比如，手形中的拳、掌、勾，手法中的冲、贯、抄拳，腿法中的蹬弹、踹、扫腿等，以及步形、步法、平衡、跳跃、跌仆、滚翻等武术动作和各种武术器械运用方法的专门用语。

①拳：四指并拢卷握，拇指紧扣食指和中指的第二指节。要点是拳握紧，拳面平，直腕。
②掌：四指并拢伸直，拇指弯曲紧扣于虎口处。
③勾：五指第一指节捏拢在一起，屈腕。
④弓步：右脚向前一大步（约本人脚长的 4～5 倍），脚尖微内扣，右

腿屈膝半蹲（大腿接近水平），膝与脚尖垂直；左腿挺膝伸直，脚尖内扣（斜向前方），两脚全脚着地。上体正对前方，眼向前平视，两手抱拳于腰间，拳心向上。弓右腿为右弓步，弓左腿为左弓步。要点是前腿弓，后腿绷；挺胸，前脚同后脚成一直线，塌腰、沉髋。

⑤马步：两脚平行开立（约为本人脚长的3倍），脚尖正对前方，屈膝半蹲，膝部不超过脚尖，大腿接近水平，全脚着地，身体重心落于两脚之间。两手抱拳于腰间，拳心向上。要点是挺胸、塌腰，脚跟外蹬。

⑥虚步：两脚前后开立，后脚外展450°，屈膝半蹲；前脚脚跟离地，脚面绷平，脚尖稍内扣，虚点地面，膝微屈，重心落在后腿上。两手叉腰，眼向前平视。左脚在前为左虚步，右脚在前为右虚步。要点是挺胸、塌腰，虚实分明。

⑦歇步：两脚交叉靠拢全蹲，右（左）脚全脚着地，脚尖外展；左（右）脚前脚掌着地，膝部贴近右（左）脚跟处。两手抱拳于腰间拳心向上。眼向左前方平视。左脚在前为左歇步，右脚在前为右歇步。

⑧弹腿：左腿屈膝提起，大腿与腰平，左脚绷直。提膝接近水平时，要迅速猛力挺膝，向前挺膝，向前平踢（弹击），力达脚尖。大腿与小腿成一直线，高与腰平，右腿伸直或微屈支撑，两眼平视。

⑨冲拳：拳从腰间旋臂向前快速击出，力达拳面；侧冲、上冲要求同此，只是方向不同。

⑩推掌：掌由腰间旋臂向前立掌推击，速度要快，臂要直，力达掌外沿。

⑪刺剑：立剑或平剑向前直出为刺，力达剑尖，臂与剑成直线。

⑫劈剑：立剑，向下为劈，力达剑身，臂与剑成一直线。

⑬点剑：立剑，提腕使剑尖猛向前下为点，力达剑尖，臂伸直。

五、创编武术操的动作图解

武术操的动作图解一般包括运动方向、动作路线、附加图、往返路线、运动方位、动作名称、术语的运用、要领说明、常用叙述词等方面的内容。正确地掌握这些知识和方法不仅方便创编武术操，而且在武术操教学中突出武术学习和传授的重点、提高教学效果方面都有重要的实践意义。

（一）运动方向

武术操动作图解中所指的运动方向，是以图中人的躯干姿势为准，并且随着躯干姿势所处位置的变化而变化。人的身前为前，身后为后，左侧为左，右侧为右。此外，还有左前、左后、右前、右后之分。各种套路开始的预备势，前后左右的方向是以图中人的躯干姿势为准；转体时，则以转后的身前为前，身后为后，以此类推。武术操的动作很多，身体的变化也大，但始终应以躯干姿势来确定方向，不受头部和视线的影响。

（二）动作路线

武术操动作图解中一般用虚线（---->）或实线（——>）表示该部位下一步行进的路线。箭尾为起点，箭头为止点。有的图中上、下肢的运动路线都用虚线表示，有的右上肢和左下肢用实线表示，左上肢和右下肢用虚线表示，有的上、下肢分别用虚实线表示，有的左右肢体分别用虚实线表示，虽然用法不一，但作用是一致的，都是指明下一动作将经过的路线。有的图解还加用足迹图，以表示脚在运动中的方位及触地面积。

（三）附加图

有些身体背向的动作，图示中无法表现，应附加一幅正面的动作图，与文字说明相吻合，运动方向和路线应以原图为准。有些重要的技术细节，如缠腕、握把等动作，在整体图示中看不清楚，应附加一幅局部动作图。

（四）往返路线

武术套路由若干段（趟）构成，各段的往返路线，一般是单数段向左，双数段则转回来向原来的右。弄清段的前进方向之后，即使在前进中有转身的动作变化，在转身后仍须朝着原来的方向前进，这样段的方向就不会搞错。较为复杂的套路，其每段的前进方向经常变化，可将一段分成若干小节，一节节地教授给幼儿。

（五）动作名称

为简化文字说明，方便记忆与交流，武术操的动作图解常常使用动作名称。动作名称多以下肢的主要动作结合上肢的主要动作而命名，如"马步冲拳""弓步顶肘""虚步刺剑""歇步冲拳"等。有的根据动作形象命名，如"白鹤亮翅""手挥琵琶""金鸡独立"等。掌握动作名称对教师建立完整的动作概念和创编富有新意的武术操会有很大帮助。

（六）要领说明

要领是指武术操动作和技术的基本要求。有些武术操动作图解中，在动作的后面附有"要领"或"要点"，一般是完成该动作的关键步骤，或者说明应注意之处。例如，冲拳的要领有拧腰、顺肩、急旋臂等。

第二节　小班幼儿武术操实例

一、《葫芦娃》武术操

武术操《葫芦娃》，将武术动作和动画人物结合于一体，这样的武术操显得更有趣味，也更符合幼儿兴趣点，能让幼儿在模仿动画人物葫芦娃的情景过程中，体会到武术的趣味。该操动作多，运动量适当，可使幼儿全身各部位的组织和器官都较充分地得到锻炼，并且幼儿可在欢快的音乐伴奏下练习此操，有利于提高锻炼兴趣，有较好的健身效果，易于学习和推广。

（一）第一节

左脚开立与肩同宽，左右双摆掌。要点是手掌四指要伸直并拢，拇指弯曲紧扣于虎口处。掌心开展，竖指（图5-1）。

图 5-1

（二）第二节

左手架掌，右手抱拳于腰间，并步架掌；反之，右手架掌，左手抱拳于腰间（图 5-2）。

图 5-2

（三）第三节

马步双劈拳：两脚左右开立约为脚长三至四倍，脚尖正对前方，屈膝半蹲，大腿成水平，挺胸、立腰、扣足，拳自上向下快速劈击，臂伸直，力达拳轮；抡劈时臂要抡成立圆劈击（图 5-3）。

右弓步冲拳：后腿绷，挺胸塌腰，沉髋合髋，两脚分别在一条纵线的两侧，左手冲拳掌心朝下，右手抱拳于腰间（图 5-4）。

图 5-3　　　　　　　　　图 5-4

（四）第四节

仆步穿掌：右腿全蹲，大腿和小腿靠紧，臀部接近小腿，全脚掌着地，膝与脚尖稍外展；左腿平铺接近地面，全脚掌着地，脚尖内扣，同时左手经腹前，沿左腿内侧穿至左脚面，掌指朝前，目视左掌，右手抱拳于腰间（图5-5）。

并步抱拳：收右腿，并步手臂伸直，掌心朝外，头顶击响后抱拳收于腰间（图5-6）。

图 5-5　　　　　　　　　图 5-6

（五）第五节

马步双推掌（前）：双掌由腰间推出掌心朝前，力达掌根，马步抱拳于腰间，并步抱拳于腰间（图5-7）。

马步双推掌（两侧）：双掌由腰间向两侧推出，力达掌根，并步抱拳于腰间（图5-8）。

图 5-7　　　　　　　图 5-8

（六）第六节

双按掌：右脚开立与肩同宽，两手掌心朝上经胸前，掌心朝下按掌至腹部（图 5-9）。

图 5-9

（七）第七节

双穿掌：右手、左手掌心朝前，由下往上至头顶，两手背相对（图 5-10）。

图 5-10

（八）第八节

金鸡独立：抬右脚，左脚支撑，两手五指撮拢成勾，屈腕，勾尖朝下，手臂略高于肩（图5-11）。

图5-11

（九）第九节

弓马架掌（前）：左手掌心朝上架掌，右手掌心朝下按掌至小腹位置，马步抱拳于腰间。

弓马架掌（后）：右手掌心朝上架掌，左手掌心朝下按掌至小腹位置，马步抱拳于腰间（图5-12）。

图5-12

小贴士：

①要合理安排运动量以适应孩子的身心发展特点。

②练习武术操前应做好热身准备，活动身体肌肉和各关节，避免拉伤或其他损伤。

③应根据幼儿身体素质循序渐进，量力而行。
④运动前对周围环境进行检查，避免出现安全隐患，对孩子造成危害。
⑤服装穿着适当，可穿着运动装或便于运动的服装。

二、《百家姓》武术操

本套武术操适用于幼儿小中班以上人群，背景音乐选用的是《百家姓》，音乐节奏鲜明、曲调欢快，适宜幼儿武术操创编。该武术操主要有武术基本手形、手法、步形、步法、腿法、身法等，整套武术操套路编排遵循前后对称、由易到难的创编原则。

（一）预备节

双膝并拢跪坐于地，双手放在大腿上，躯干立直，顺时针摇头两圈，抱拳于腰间（图5-13），向正前方冲平直拳（图5-14），向头顶推掌（图5-15），向躯干两侧向下勾手，手臂伸直，高于水平（图5-16），向正前方推掌（图5-17）。起立，右手抱拳于腰间，左手向前推掌、踏步，回身立正，抱拳于腰间（图5-18）。

图 5-13　　图 5-14　　图 5-15

图 5-16　　图 5-17　　图 5-18

（二）第一节

右脚向右侧跨一步，左手抱拳于腰间，右手向前平推出（图 5-19），右手向右砍掌，手心朝下（图 5-20），右手向头顶正上方推掌（图 5-21），收右脚，回身立正，抱拳于腰间。

图 5-19　　　　　图 5-20　　　　　图 5-21

（三）第二节

右脚向右侧跨一步，左手抱拳于腰间，右手向右侧推掌（图 5-22），左手向上冲拳（图 5-23），并步砸拳，双膝微屈（图 5-24），收右脚回身立正，抱拳于腰间。

图 5-22　　　　　图 5-23　　　　　图 5-24

（四）第三节

右脚向右跨一步成右弓步格挡（图5-25），右弓步冲左拳，右拳抱拳于腰间（图5-26），右弓步冲右拳，左拳抱拳于腰间（图5-27）。

图 5-25　　　　　图 5-26　　　　　图 5-27

（五）第四节

右脚向右跨一步成马步，向正前方冲平拳（图5-28），手臂交叉抱于胸前（图5-29），马步变成左弓步，躯干逆时针转体90°，双拳变为掌向两侧平推出（图5-30）。

图 5-28　　　　　图 5-29　　　　　图 5-30

（六）第五节

右脚向右跨一步，成右弓步格挡（图5-31），右弓步冲左拳（图5-32），弓步变为马步，成马步格挡，右拳于胸前约30厘米（图5-33），收右脚回身立正，双拳向躯干两侧冲立拳（图5-34）

图 5-31　　　图 5-32　　　图 5-33　　　图 5-34

（七）第六节

右脚向右跨一小步站立，双臂交叉抱于胸前（图5-35），右脚向右跨一步成右弓步，双臂伸直，双手握拳，放于髋部两侧（图5-36），双臂向右上方挥出成双峰贯耳（图5-37），收右脚回身立正，抱拳于腰间。

图5-35　　　　　　图5-36　　　　　　图5-37

（八）结束敬礼

并腿，右手握拳，左手抱着拳头，合拢在胸前，右手在内，左手在外（图5-38）。

图5-38

第七、八、九、十节同上第一、二、三、四节。

小贴士：

①要合理安排运动量以适应孩子的身心发展特点。

②练习武术操前应做好热身准备，活动身体肌肉和各关节，避免拉伤或其他损伤。

③应根据幼儿身体素质循序渐进，量力而行。

④运动前对周围环境进行检查，避免出现安全隐患，对孩子造成危害。

⑤服装穿着适当，可穿着运动装或便于运动的服装。

三、《海尔兄弟》武术操

本套武术操音乐选自《海尔兄弟》，通过将传统武术文化与现代音乐相结合，让幼儿跟随着音乐进行身体锻炼，同时学会战胜困难的方法。本套操的动作重点是拳、掌、勾手三个基本动作，难点是弹踢冲拳的动作。本套操严格遵守武术操创编的要求，从手法到步法，从简单到复杂循序渐进进行创作编排。

（一）第一节

左脚向左跨出一步，抱拳于腰间，双手握拳向正前方推掌（图5-39），双臂弯曲，双手交叉抱拳在胸前（图5-40），回身立正；右脚向右跨出一步，抱拳于腰间（图5-41），双手向头上方推掌（图5-42），双臂弯曲，双手交叉抱拳在胸前（图5-43），回身立正。

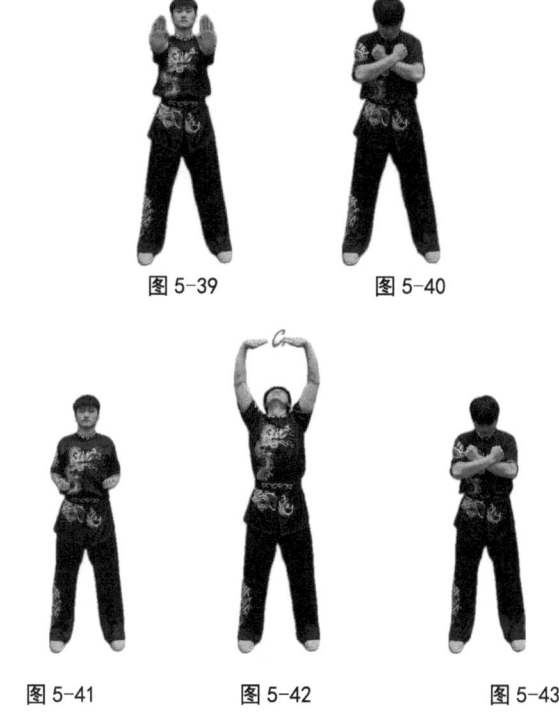

图 5-39　　　图 5-40

图 5-41　　　图 5-42　　　图 5-43

（二）第二节

左脚向左跨出一步，双手为掌向身体两侧斜上方45°插掌（图5-44），双手向下变为勾手（图5-45），双臂弯曲，双手交叉抱拳在胸前（图5-46）。

图5-44　　　　　　图5-45　　　　　　图5-46

（三）第三节

双手侧平举，掌心向下，变为立掌，逆时针旋转一圈（图5-47），右手斜上方45°抬高，左手变掌为拳收于小腹前，拳心向上（图5-48）。

图5-47　　　　　　图5-48

第四、五、六节同上第一、二、三节。

（四）第七节

左脚向左跨出一步成左弓步，左手抱拳于腰间，右手向左做插掌，掌心向上（图5-49），两脚开立，双手抱拳于腰间（图5-50）。

图 5-49　　　　　　　　图 5-50

（五）第八节

左脚向左跨出一步，双手为掌掌心向上（图 5-51），向上抬臂，双臂弯曲，变掌为拳，收于胸前（图 5-52），收拳于腰间（图 5-53），步法变为马步，向左冲拳，再冲右拳（图 5-54），双手向两侧插掌，掌心朝下，两手握拳交叉胸前（图 5-55）。

图 5-51　　　　图 5-52　　　　图 5-53

图 5-54　　　　图 5-55

小贴士：

①学拳前要心静、用意、体松、身正，做好热身活动。

②练拳时衣服要穿得舒服，腰带要宽紧适度。

③练习结束后，由于毛细血管扩张，要注意保暖，当心受风寒。练拳后如觉口干，只宜喝温水润喉，不宜大量喝水。

④晚间练完拳后，放松稍平气息，即可就寝，容易入睡。饥饿时和饱食后都不宜练拳，饱食后一个小时方可练拳。

第三节　中班幼儿武术操实例

一、《从前有座山》武术操

本套武术操音乐选自《从前有座山》，时长 1 分 50 秒左右。通过将传统武术文化与现代音乐相结合，让幼儿跟随着音乐进行身体锻炼，同时学会战胜困难的方法。本套操的动作重点是拳、掌、勾手三个基本动作；难点是弹踢冲拳的动作。本套操严格遵守武术操创编的要求，从手法到步法，从简单到复杂循序渐进进行创作编排。

（一）第一节

左脚向左开立成马步，双手直臂向前做冲拳（图 5-56），两拳收于腰间，拳心朝上。左脚成弓步，左手向上推掌，右手握拳做冲拳动作（图 5-57），身体成正姿势站好，双手握拳放于腰间。

第五章 幼儿武术操的创编与实例

图 5-56　　　　　　　　　　　图 5-57

（二）第二节

左脚向左开立成马步，双手成立掌姿势向前做推掌（图 5-58），变拳收于腰间，掌心朝上，左脚成仆步，左手切掌（图 5-59）。

图 5-58　　　　　　　　　　　图 5-59

（三）第三节

左脚向左开立成马步，双手合十于胸前（图 5-60），马步转化为左弓步，右手成立掌前推姿势，左手向后成反勾手姿势（图 5-61），左弓步转化为马步，双手合十于胸前，身体成立正姿势站好，双手握拳放腰间。

图 5-60　　　　　　　　　　　图 5-61

93

（四）第四节

右脚向右前方成弓步姿势，同时右手握拳收于腰间、左手握拳向左前方冲拳（图5-62），右脚向左前方做弹踢腿动作，同时，左手握拳向左前方冲拳，右手握拳收于腰间（图5-63），右脚向后撤步成弓步，同时左手握拳收于腰间、右手握拳向右前方冲拳（图5-64），身体成立正姿势站好，两手握拳放腰间。

图5-62　　　　　图5-63　　　　　图5-64

（五）第五节

身体向右侧转成马步姿势，左手成立拳姿势向前冲出，右手握拳放于腰间（图5-65），身体成立正姿势，两手握拳放腰间；身体向左侧转成马步姿势，右手成立拳，左手握拳放腰间（图5-66），身体成立正姿势两手握拳放腰间；身体右转成右弓步姿势，双手向两侧推掌（图5-67），身体成立正姿势，两手握拳放腰间；身体左转成左弓步姿势，双手向两侧推掌（图5-68）。

图5-65　　　　　图5-66

图 5-67　　　　　　　　　　图 5-68

第六节同第五节。

（六）第七节

左脚向左开立，同时双手向上推掌（图 5-69），双手向两侧成勾手姿势（图 5-70），随后变成立掌姿势（图 5-71），身体成立正姿势站好，两手握拳放腰间。

图 5-69　　　　　　图 5-70　　　　　　图 5-71

（七）第八节

身体向右侧转成立正姿势，左手和右手抡圆掌心相对，放于腹前，向左摆头，右手成立拳，左手向上推掌（图5-72），身体成立正姿势站好，两手握拳放腰间。

幼儿武术

图 5-72

小贴士：

①学拳前要心静、用意、体松、身正，做好热身活动。

②练拳时衣服要穿得舒服，腰带要宽紧适度。

③练习结束后，由于毛细血管扩张，要注意保暖，当心受风寒。练拳后如觉口干，只宜喝温水润喉，不宜大量喝水。

④晚间练完拳后，放松稍平气息，即可就寝，容易入睡。饥饿时和饱食后都不宜练拳，饱食后一个小时方可练拳。

二、《小道童》武术操

本套武术操音乐选取《小道童》，时长两分半左右。希望通过本操向幼儿介绍战胜困难的方法，同时将幼儿武术与音乐相结合，让幼儿跟随着音乐进行身体锻炼。本套操的动作重点是拳、掌、勾手三个基本动作；难点是弓步、马步、仆步转换的动作。本套操严格遵守左右对称，由易到难的创编原则编排。

（一）第一节

双脚并拢，双手抱拳于腰间，拳心向上，向左摆头（图5-73），双脚开立，双手冲拳，拳心朝下（图5-74），双脚开立，双手成勾手在身体两侧，目视前方（图5-75）双脚并拢，双手握拳抱于腰间，拳心向上，向左摆头。

图 5-73　　　　　图 5-74　　　　　　　图 5-75

（二）第二节

左脚向左迈一步成马步，向前冲拳，目视前方（图5-76），成马步姿势，双手握拳抱于腰间，拳心向上（图5-77），马步转换为弓步，左手抱拳于腰间，右手冲拳（图5-78）。双脚并拢，双手握拳抱于腰间，拳心向上，向左摆头。

图 5-76　　　　　图 5-77　　　　　图 5-78

（三）第三节

两脚开立，做双劈拳，向左摆头（图5-79），右脚向前迈步，左手向左推掌，右手向上推掌，向左摆头（图5-80），右脚收回，两脚成开立姿势，双手交叉抱于胸前，目视前方（图5-81）。

幼儿武术

图 5-79　　　　　图 5-80　　　　　图 5-81

（四）第四节

左脚向左迈步成马步，左手按掌，右手抱拳于腰间（图 5-82），做搂手弓步冲拳（图 5-83），弓步转换为仆步（图 5-84），双脚并拢，双手握拳抱于腰间，拳心向上，向左摆头。

图 5-82　　　　　图 5-83　　　　　图 5-84

（五）第五节

成右弓步姿势，左手向下按掌，右手向上推掌，向左摆头（图5-85），双脚并拢，双手抱拳；成右弓步姿势，双手向两侧推掌，向左摆头（图5-86），双脚并拢，双手抱拳，掌心朝上，目视前方。

图 5-85　　　　　图 5-86

（六）第六节

双手抱拳于腰间，做右提膝穿掌（图 5-87、图 5-88），右脚收回，双手于头顶击响（图 5-89）。

图 5-87　　　　图 5-88　　　　图 5-89

（七）第七节

左脚向后撤一步，左手向左打开（图 5-90），左手向上冲拳（图 5-91），做原地砸拳（图 5-92）。

图 5-90　　　　图 5-91　　　图 5-92

（八）第八节

左脚向左开立（图5-93），右腿上踢的同时左手冲拳（图5-94），右脚收回成开立姿势，并做左右冲拳（图5-95），双脚并拢，双手抱拳于腰间，向左摆头。

图5-93　　　　图5-94　　　　图5-95

小贴士：

①学拳前要心静、用意、体松、身正，做好热身活动。

②练拳时衣服要穿得舒服，腰带要宽紧适度。

③练习结束后，由于毛细血管扩张，要注意保暖，当心受风寒。练拳后如觉口干，只宜喝温水润喉，不宜大量喝水。

④晚间练完拳后，放松稍平气息，即可就寝，容易入睡。饥饿时和饱食后都不宜练拳，饱食后一个小时方可练拳。

三、《十二生肖》武术操

本套武术操音乐选曲《十二生肖闯江湖》，时长1分30秒左右，本套操旨在带领幼儿了解十二生肖的知识，同时让传统文化与现代音乐相结合，让幼儿跟随音乐进行身体锻炼。本套操的动作重点是拳、掌、勾手三个基本动作，动作难点是弓步转换，蹬腿推掌和骑龙步的动作。本套操严格遵守武术操创编原则，具备对称性针对性和目的性原则。

（一）第一节

向左迈一步成弓步，左手推掌，右手成勾手与肩齐平（图5-96）。向右转成右弓步，右手成勾手与肩齐平（图5-97），向左转成左弓步，左手向左推掌（图5-98）。

图 5-96　　　　　图 5-97　　　　　图 5-98

（二）第二节

左脚向左迈一步成弓步，左手抱拳于腰间，右手冲拳（图5-99），左手向左冲拳，右手抱于腰间，向右转成右弓步，左手保持向左冲拳，右手向右冲拳（图5-100），右脚向上回收成提膝独立，双手向上托掌（图5-101），右脚向右落马步，左手抱拳于腰间，右手向右推掌（图5-102），双手抱拳腰间，头向左看。

图 5-99　　　　　图 5-100

图 5-101　　　　　图 5-102

（三）第三节

左脚向前斜45°成骑龙步，左手架拳放于腹前，右手向前虎爪（图5-103），右脚向前蹬腿，左手向前推掌，右手抱拳于腰间（图5-104），右脚后撤成弓步，左手抱拳于腰间，右手向前推掌（图5-105），双脚并拢，右手向右推掌，左手向上推掌，掌心朝上（图5-106），双手抱拳于腰间，头向左看。

图5-103　　　　　图5-104

图5-105　　　　　图5-106

（四）第四节

左脚向左迈一步，左手向左插掌，头看向左边（图5-107），右手握拳贴于掌心（图5-108），右脚向右成右弓步，左手向斜上推掌，右手握拳拉伸于胸前（图5-109），收左脚抱拳于腰间，头向左看。

图 5-107　　　　　图 5-108　　　　　图 5-109

（五）过渡节

左脚向左迈一步，左手抱拳于腰间，右手向前冲平拳（图 5-110），右脚提膝独立，左手向前冲拳，右手抱于腰间（图 5-111），右脚向右迈一步成弓步，左手抱拳于腰间，右手向前冲拳（图 5-112），收右脚双脚并拢，双手抱拳于腰间，头向左看。

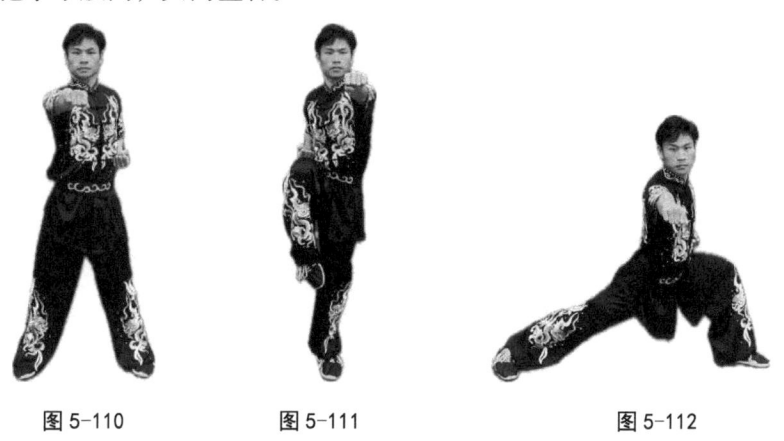

图 5-110　　　　　图 5-111　　　　　图 5-112

（六）第五节

左脚向左跨立，两手由下向上，掌心朝前（图 5-113），双手向上推掌（图 5-114），两手由上往下，抱拳于腰间，双脚并拢（图 5-115）。

幼儿武术

图 5-113　　　　　图 5-114　　　　　图 5-115

小贴士：

①学拳前要心静、用意、体松、身正，做好热身活动。

②练拳时衣服要穿得舒服，腰带要宽紧适度。

③练习结束后，由于毛细血管扩张，要注意保暖，当心受风寒。练拳后如觉口干，只宜喝温水润喉，不宜大量喝水。

④晚间练完拳后，放松稍平气息，即可就寝，容易入睡。饥饿时和饱食后都不宜练拳，饱食后一个小时方可练拳。

第四节　大班幼儿武术操实例

一、《小小功夫》武术操

本套武术操是根据音乐《小小功夫》的节奏律动来创编的，主要结合武术基本手形的拳掌和基本步形中的马步、弓步、仆步等基本动作。整套武术操遵循了左右对称、由易到难、运动强度由低到高的创编原则。

（一）第一节

马步抱拳（图 5-116），马步双冲拳（图 5-117），马步抱拳（图 5-118），马步双推掌（图 5-119）。

图 5-116　　　　　　图 5-117

图 5-118　　　　　　图 5-119

（二）第二节

左脚开立左手推掌，右手向上冲拳（图 5-120），左砸拳（图 5-121）。

图 5-120　　　　　　图 5-121

（三）第三节

马步格挡（图 5-122），弓步架打（图 5-123）。

幼儿武术

图 5-122　　　　　　　　　　　图 5-123

（四）第四节

马步格挡（图 5-124），左弓步架打（图 5-125），左仆步盖掌（图 5-126）。

图 5-124　　　　　　图 5-125　　　　　　图 5-126

（五）过渡节

左脚开立，双拳体前交叉（图 5-127），架于胸前（图 5-128），抱拳于腰间。

图 5-127　　　　　　　　　　图 5-128

（六）第五节

左弓步冲拳（图5-129），右弓步冲拳（图5-130），马步双劈拳（图5-131），左双峰贯耳（图5-132），左搂手冲拳（图5-133、图5-134），歇步右冲拳（图5-135）。

图 5-129　　　图 5-130　　　图 5-131

图 5-132　　　图 5-133　　　图 5-134

图 5-135

（七）第六节

左弓步右手出虎爪（图5-136），右脚蹬腿，右手虎爪于腰间（图

5-137），左脚成90°，右脚跪步，左手抱拳于腰间，右手出虎爪（图5-138）。

图 5-136　　　　　图 5-137　　　　　　图 5-138

（八）第七节

左右手分别向两侧插掌（图5-139），两手经头上方至胸前摁掌（图5-140），双脚并拢，双手握拳放于腰间，拳心朝上，头向左看（图5-141）。

图 5-139　　　　　图 5-140　　　　　　图 5-141

小贴士：

①学拳前要心静、用意、体松、身正，做好热身活动。

②练拳时衣服要穿得舒服，腰带要宽紧适度。

③练习结束后，由于毛细血管扩张，要注意保暖，当心受风寒。练拳后如觉口干，只宜喝温水润喉，不宜大量喝水。

④晚间练完拳后，放松稍平气息，即可就寝，容易入睡。饥饿时和饱食后都不宜练拳，饱食后一个小时方可练拳。

二、《功夫小子》武术操

本套武术操以《功夫小子》为背景音乐，其音乐具有鲜明的节奏感，能够很好地提高幼儿对该武术操的兴趣。本套操将太极中的"揽雀尾"作为开始动作，结合基本步形的弓步、仆步、马步，以及拳、掌、勾等基本手形，形成武术操的主体，主要锻炼幼儿下肢力量和身体协调性。本套操的动作讲究左右对称的原则。

（一）预备节

左手由上往下画立圆，右手由下往上画立圆，成左弓步，左手向左侧推出掌心向内，右手按掌至腰间（图 5-142）；右手朝左手方向捋，然后双手同时向右腰间捋动（图 5-143）；右手推动左手向左侧方至左侧水平保持不动（图 5-144），两手画弧线推至体前（图 5-145）。双脚并拢，双手抱拳于腰间。

图 5-142　　　　　图 5-143

图 5-144　　　　　图 5-145

（二）第一节

双脚并拢，双手握拳抱于腰间，拳心向上（图5-146），左脚向左跨一步成马步，右手抱拳于腰间，左手冲平拳（图5-147）；马步保持不变，左手抱拳于腰间，拳心向上，右手冲平拳。马步不变，双手左右侧推掌成立掌，头看左边（图5-148），双脚并拢，双手从两侧由上往下画立圆于胯部向下按掌（图5-149）。双脚并拢，双手握拳抱于腰间，拳心向上。

图5-146　　　　　图5-147

图5-148　　　　　图5-149

（三）第二节

左手抱拳于腰间，右手向左冲平拳，成左弓步冲拳（图5-150），左弓步变马步，左手向左侧冲左平拳，右手抱拳于腰间，拳心向上，头看左边（图5-151）；马步变右弓步，左手抱拳于腰间，拳心向上，右手成掌从腰间贴身体从左至右画立圆到右侧上方45°位置，掌心向外，头看右手（图5-152）。双脚并拢，双手握拳抱于腰间，拳心向上。

图 5-150　　　　　图 5-151　　　　　图 5-152

（四）第三节

左脚向前一步脚尖点地，左手向左侧推掌，右手向上冲拳，拳心朝内，头看左边（图 5-153）；左脚收回并拢，在胸前方左手为拳砸在右掌上，头看正前方（图 5-154）；左仆步，右手为拳，左手为掌，拳放于右腰间，左手向右脚方向推掌，掌心向外（图 5-155），右手抱拳于腰间，仆步架掌于腋下头看左方（图 5-156）。双脚并拢，双手握拳抱于腰间，拳心向上。

图 5-153　　　　　　　　　图 5-154

图 5-155　　　　　　　　　图 5-156

幼儿武术

（五）第四节

双手从胸前交叉由上往下画立圆至两侧成左右侧平拳，拳心向上头看左侧（图5-157）。双脚并拢，双手握拳抱于腰间，拳心向上。

图 5-157

（六）第五节

双脚开立，双手成掌从身体两侧自下而上画立圆至头顶正上方击掌（图5-158、图5-159），左脚支撑，右脚提膝，脚尖向下，双手成勾手，掌心向下，与水平地面成45°夹角（图5-160）。

图 5-158　　　　图 5-159　　　　图 5-160

小贴士：

①学拳前要心静、用意、体松、身正，做好热身活动。

②练拳时衣服要穿得舒服，腰带要宽紧适度。

③练习结束后，由于毛细血管扩张，要注意保暖，当心受风寒。练拳后如觉口干，只宜喝温水润喉，不宜大量喝水。

④晚间练完拳后，放松稍平气息，即可就寝，容易入睡。饥饿时和饱食后都不宜练拳，饱食后一个小时方可练拳。

三、《少年强则中国强》武术操

这套《少年强则中国强》武术操融合了长拳里的步形和手法。学习武术操有助于幼儿强健身体,充分领略传统武术的艺术之美,使青少年得到德智体美劳全面的发展。

(一)开始敬礼

并腿,右手握拳,左手抱着拳头,合拢在胸前,右手在内,左手在外(图 5-161)。本套操应把每个动作左右各做一遍,动作相同,方向相反。

图 5-161

(二)第一式:旭日初升

双手抱拳于腰间,同时头向左摆动(图 5-162)。右脚跨立,与肩同宽,双冲拳,拳心朝下(图 5-163)。两脚开立,身体正直,双眼目视前方双推掌,掌心朝前(图 5-164)。两脚开立,双手由下往上至头顶双撑掌,指尖相对(图 5-165)。右脚向斜前方弓步格挡冲右拳,左手抱拳于腰间,迅速换拳(图 5-166)。

图 5-162　　图 5-163　　图 5-164

幼儿武术

图 5-165

图 5-166

（三）第二式：苍龙盘岭

手臂向后斜下 45°伸直，画立圆至后斜上 45°，看掌，掌心朝上（图 5-167）。

图 5-167

（四）第三式：石破天惊

右脚斜前方 45°跨立，马步双劈拳，拳心朝前（图 5-168）。身体正直，马步，冲右拳，拳心朝下（图 5-169）。双脚成右弓步，冲左拳，右手抱拳于腰间，双眼看左方（图 5-172）。

图 5-168

图 5-169

图 5-170

(五)第四式:白虹贯日

右脚向斜前方 45° 做弓步,双峰贯耳,拳眼相对(图 5-171)。仆步架掌于腋下,摆头两眼看左脚(图 5-172)。歇步下冲拳,转身跨立,双手胸前交叉握拳,拳心朝前内(图 5-173)。双手向斜下方 45° 伸直做歇步冲拳(图 5-174、图 5-175)。

图 5-171　　　　图 5-172

图 5-173　　　图 5-174　　　图 5-175

(六)第五式:鹤翔紫盖

双手向斜右方 45° 由前往后画立圆,虚步看掌,掌心朝上,弓步盘肘,右手搭在左手腕上(图 5-176、图 5-177)。左脚开立成右侧弓步,双手伸直举于两侧,立掌,掌心朝外。

图 5-176　　　图 5-177

（七）第六式：晚月朗心

两手经胸前交叉，画立圆至胸前交叉，掌心朝前内（图5-178），斜右45°马步拉弓式，左手拳，拳心朝前内，右手立掌（图5-179）。

图5-178

图5-179

（八）第七式：巨鹏亮翅

右脚跨立，两手由下往上至头顶合掌（图5-180）。双脚开立，两手斜上45°勾手，勾尖朝下（图5-181）。

图5-180

图5-181

（九）结束敬礼

并腿，右手握拳，左手抱着拳头，合拢在胸前，右手在内，左手在外（图5-182）。

图 5-182

小贴士：

①学拳前要心静、用意、体松、身正，做好热身活动。

②练拳时衣服要穿得舒服，腰带要宽紧适度。

③练习结束后，由于毛细血管扩张，要注意保暖，当心受风寒。练拳后如觉口干，只宜喝温水润喉，不宜大量喝水。

④晚间练完拳后，放松稍平气息，即可就寝，容易入睡。饥饿时和饱食后都不宜练拳，饱食后一个小时方可练拳。

第六章　幼儿武术比赛

第一节　幼儿武术比赛概述

幼儿武术比赛主要包括技击散打和套路两种运动形式。其中，武术套路就是一连串含有技击和攻防相结合的动作组合，是以技击动作为主要内容，以攻守进退、动静疾徐、刚柔虚实等矛盾运动的变化规律编成的整套练习形式，又被称为"套路运动"。一般认为套路运动是技击的高度提炼和艺术再现，它源于技击，又高于技击，是武术的最高表现形式。正如文学艺术源于生活而高于生活一样，套路中绝大多数动作取材于技击，仍保持了技击实用的一面，既具有攻防特点，又具有强身健体的作用。

一、竞赛常识

竞赛类型：按参赛人数可分为个人赛、团体赛、个人及团体赛；按年龄可分为成年赛、青少年赛、儿童赛。

竞赛项目：长拳、太极拳、南拳、剑术、刀术、枪术、棍术、太极剑、南刀、南棍、传统拳术、传统器械、对练项目和集体项目。

竞赛分组：一般按照年龄分为成年组、青少年组和儿童组。

竞赛执行裁判人员组成：总裁判长1人、副总裁判长1~2人；裁判组设裁判长1人、副裁判长2人；A组评分裁判员2~3人，B组评分裁判员3人，C组评分裁判员2~3人；编排记录长1人，检录长1人。

比赛音乐：规程规定的配乐项目必须在音乐（不带歌词）伴奏下进行，音乐可以根据套路的编排自行选择。

比赛服装：裁判员应穿统一的服装，佩戴裁判等级标志；运动员应穿武术比赛服装。

比赛器械：国家体育总局武术运动管理中心指定的器械。

比赛设备：大型比赛必须配备摄像机4台，放像设备3台，电视机3台，以及全套电子评分系统和音响系统。

二、参赛须知

比赛报名：参赛的运动员必须根据竞赛规则和规程要求选择难度和必选主要动作，于赛前20天在规定网站填报"武术套路难度及必选动作申报表"，并确认打印、签字、盖章后寄往赛会（以到达邮戳为准）。

套路完成时间：长拳、南拳、剑术、刀术、枪术、棍术、南刀、南棍套路，成年人不少于1分20秒，青少年（含儿童）不得少于1分10秒；太极拳、太极剑自选套路为3~4分钟，太极拳规定套路为5~6分钟，对练不得少于50秒；集体项目为3~4分钟；传统项目，单练不得少于1分钟。

比赛顺序：在竞赛监督委员会和总裁判长的监督下，由编排记录组抽签决定比赛顺序。

比赛检录：运动员须在赛前40分钟到达指定地点报到，参加检录，并检查服装和器械。

比赛礼仪：运动员听到上场点名时和完成比赛套路后，应向裁判长行抱拳礼。

比赛得分相同的处理方法：个人分别以难度分高者、以完成高等级难度数量多者、以演练水平分高者、以演练水平扣分少者、以动作质量扣分少者的顺序排列名次；全能或团体以比赛中获单项第一名多者列前，以此类推。

第二节　幼儿武术比赛规则

武术比赛规格较高的竞技武术，即高水平竞技，是为了最大限度地发挥个人运动潜能和争取优异成绩而进行的武术训练竞赛活动，它的特点是专业化、职业化、高水平、超负荷、突出竞技性。本节对武术比赛规则进行详细介绍。

一、武术比赛的礼仪

（一）武术竞赛开幕式、闭幕式仪式

武术比赛开幕式上，当主持人宣布大会开幕，全体人员起立面向国旗方向肃穆站立。升国旗，唱国歌。闭幕式举行降旗仪式时，全体人员唱国歌。如无升降国旗仪式，也可事先将国旗悬挂在赛场的适当位置。在竞赛开始时，举行面对国旗、肃立唱（奏）国歌的仪式。

（二）运动员礼节

套路运动员听到上场比赛的点名时，应向裁判长行抱拳礼。然后走到裁判长的右侧半场完成相同方向的起势和收势。听到宣布最后得分时，也应向裁判行抱拳礼，以示答谢。

散打运动员上场被介绍时，先面向裁判长原地行鞠躬礼，再转向观众行鞠躬礼。场上裁判检查护具完毕，双方运动员面对面，互行鞠躬礼。比赛结束，当听到宣布最后胜负时，双方运动员应先向裁判长行鞠躬礼，然后转向观众行鞠躬礼，再面向对手行鞠躬礼。

(三)裁判员礼节

裁判员穿着统一的服装,佩戴统一的裁判标志。比赛开始,广播员介绍技术监督委员会成员时,被介绍者起立行抱拳礼;介绍仲裁委员会时,被介绍者原地行抱拳礼;当介绍总裁判长、裁判员时,被介绍者左脚向前一步,右脚跟上并步站立,行抱拳礼,礼毕,右脚后退一步,左脚向后与右脚并步站立。

在比赛开始或结束时,当运动员向裁判长行抱拳礼或鞠躬礼时,裁判长应点头示意,以示还礼。

(四)表演礼节

表演者在表演开始前,都应向主席台的贵宾、领导和现场观众行抱拳礼或鞠躬礼;表演结束后,行鞠躬礼。武术活动中,被人介绍时,应行抱拳礼或鞠躬礼。

(五)武术器械递接礼节

递接器械是武术外在礼仪的一个重要方面。向对方递交器械时,刀尖、剑尖向下,切忌刀尖或剑尖指向对方;枪、棍垂直离地约20厘米递给对方,切忌枪尖朝向对方,以失礼节。

二、武术比赛内容的规定

(一)武术套路

1. 长拳套路

①拳、掌、勾3种拳形和弓步、马步、虚步、仆步、歇步5种步形,其中弓步不得少于4次,马步和虚步不得少于2次。

②5种拳法(其中冲拳不得少于5次)、5种掌法和两种肘法(其中必须有一种进攻性肘法)。

③屈伸、直摆、扫转、击响4种不同组别的腿法,其中屈伸性腿法不得

少于 2 种 3 次。

④3 种不同组别的平衡，其中必须有 1 种持久性平衡。

⑤3 种不同组别的跳跃。

⑥指定动作。

2. 太极拳套路

整个套路至少包括 4 种腿法和 6 种不同组别的动作，发劲跳跃动作可做也可不做。

3. 南拳套路

①拳、掌、爪 3 种主要手形和马步（一字马步、二字马步）、弓步（或丁字弓步）、虚步、跪步（或骑龙步及单、双蝶步）、独立步 5 种步形，其中弓步不少于 6 次，马步不少于 4 次，虚步、独立步不少于 2 次。

②手法、肘法、桥法、步法套路中的一部分。

③3 种不同的腿法动作。

④3 种不同的跳跃动作。

⑤指定动作。

4. 刀术套路

①弓步、仆步、虚步 3 种主要步形，其中弓步不少于 4 次，仆步和虚步不少于 2 次。

②不得少于 8 组不同组别的主要刀法。

③刀术套路缠头刀和裹脑刀均不少于 3 次。

5. 剑术套路

①弓步、仆步、虚步 3 种主要步形，其中弓步不少于 4 次，仆步和虚步不少于 2 次。

②不得少于 8 组不同组别的主要剑法。

③剑术套路必须有 3 种不同组别的平衡，其中必须有 2 种持久性平衡。

6. 枪术套路

①弓步、仆步、虚步 3 种主要步形，其中弓步不少于 4 次，仆步和虚

步不少于 2 次。

②不得少于 8 组不同组别的主要枪法。

③完整的"拦、拿、扎枪"不得少于 10 次。

7. 棍术套路

①弓步、仆步、虚步 3 种主要步形，其中弓步不少于 4 次，仆步和虚步不少于 2 次。

②不得少于 8 组不同组别的主要枪法。

（二）武术器械规格要求

1. 刀、剑

刀、剑的规格按运动员的身高确定。

刀的硬度：刀身直立，自重下垂不得出现明显弯曲，应有一定弹性。

剑的硬度：剑身直立，自重下垂不得弯曲。

刀彩：不得超过刀的长度，彩绸上不得带有其他附加饰物。

刀剑在外力作用下弯至 90°，弯曲 3 分钟不变形。

2. 枪

枪的长度不得短于本人直立举手从脚底到指端的长度。枪杆（除枪尖外）下半段的直径规定如下：成年组男子不得小于 2.3 厘米；成年组女子和少年组男子不得小于 2.15 厘米，少年组女子不得小于 2 厘米；儿童组不受限制。枪缨的长度不得短于 20 厘米。

3. 棍

棍的长度最短不小于本人身高。棍身下半段的直径与枪杆相同，上半段的直径不得小于如下规定：

成年组男子：1.8 厘米；成年组女子：1.6 厘米；少年组男子：1.6 厘米；少年组女子：1.4 厘米；儿童组不受限制。

（三）武术比赛配乐规定

武术比赛除集体项目外，任何项目在比赛时均不得配乐。

（四）武术比赛顺序

运动员的比赛顺序应在竞赛委员会的监督下，由编排组用电脑抽签决定，或赛前由各队派代表抽签决定。临场由运动员自己抽签决定。

（五）武术比赛时间规定

①长拳、南拳和刀、剑、枪、棍的自选套路不得少于1分20秒。
②太极拳自选套路3～4分钟（到3分钟时，裁判长鸣哨示意）。
③太极拳竞选套路5～6分钟（到5分钟时，裁判长鸣哨示意）。
④太极剑、集体项目3～4分钟（到3分钟时，裁判长鸣哨示意）。
⑤其他项目：单练不得少于1分20秒。对练不得少于50秒。
⑥按年龄组划分时，长拳、南拳和刀、剑、枪、棍的自选套路，成年组为1分20秒，少年组为1分10秒，儿童组为1分钟。

三、武术比赛评分标准与办法

武术套路各项目评分均为10分制。自选项目动作质量分为5分（A组），演练水平分为3分（B组），难度分为2分（C组）。传统项目或无难度的自选项目动作质量分为5分（A组），演练水平分为5分（B组）。

（一）动作质量的评定与动作质量应得分的确定

A组裁判员根据运动员现场完成动作的质量，按照"动作规格常见错误内容及扣分标准"的要求，用动作质量的分值减去各种动作规格错误和其他错误的扣分，即为运动员的动作质量分。

（二）演练水平的评定与演练水平应得分的确定

1. 自选项目

B组中由1名裁判员和裁判长按照套路动作的劲力、节奏及音乐的要求进行整体评判后确定的等级平均分数减去另外2名裁判员对套路编排错误的扣分，即为运动员的演练水平分。

2. 传统项目

B 组裁判员根据运动员的整套现场演练，按照劲力、节奏、编排以及音乐的要求进行整体评判后确定示出的分数，即为运动员的演练水平分。取 3 个分数的平均数或去掉高低分取中间 2 个分数的平均值，即为运动员的演练水平应得分。

（三）难度的评定与难度应得分的确定

C 组裁判员根据运动员现场整套难度完成的情况，按照各项目动作难度和连接难度的加分标准，确定运动员现场完成动作难度、连接难度的累计分，即为运动员的难度分。

（四）运动员实际应得分数的确定

1. 自选项目

动作质量应得分、演练水平应得分和难度应得分之和即为运动员（队）的应得分数。

2. 传统项目

动作质量应得分和演练水平应得分之和即为运动员（队）的应得分数。

（五）运动员最后得分的确定

裁判长从运动员的应得分中减去"裁判长的扣分"，加上创新难度的加分即为运动员的最后得分。

（六）裁判长的加分与扣分

裁判长执行对比赛中被确认完成的创新难度的加分，执行对于比赛中套路时间不足或超出规定的扣分。

四、武术套路竞赛裁判法

武术套路竞赛的裁判评分,是以规则为准绳,以运动员现场技术发挥为依据,相应地对运动员的演练进行减分、给分和加分。武术套路的评判内容多,且要求裁判员在短时间内完成快速、准确的评判工作,因此对裁判员的专业水平要求较高。但其实任何事物都有其内在的基本规律,只要在熟悉规则的基础上,进一步总结经验,有层次地对武术套路内容认真进行观察和比较,评判工作完全是可以做好的。

(一)对动作质量分的评判

武术套路由诸多武术单个动作组成,每一个完整的武术动作,又是由"型"和"法"构成。套路演练中,定势动作主要看其"型"是否正确。对"法"的评判,着重要看方法是否正确,运行路线是否合理、清楚,力点是否准确等。

套路演练中的各种"型"与"法",在规则中都分别有相应规格的表述。因此,熟记和灵活运用"动作规格常见错误内容及扣分标准"是评好动作质量分的基础。

对于动作质量的评分,原则是出现一次错误扣一次分,累计扣分,具体实扣。比赛场上,运动员的演练速度很快,裁判员应在边看边记的过程中,切实把动作规格方面的扣分点——清楚地标示出来,以便达到快速而准确地完成评判的目的。

(二)对整套演练水平的评判

整套演练水平的评分属抽象部分评分,不像动作质量分的评判那样,扣分依据较为明显,能够具体实扣,它是通过比较法得出的结果。因此,进行该项评分不但要求裁判员全面把握规则,而且须对所评项目熟悉了解,通过观看运动员的现场发挥水平,在全面把握武术套路的基础上,具体分析,分清档次,使评分趋于合理。评分内容如下:

①对功力(劲力、协调)的评分。

②对演练技巧的评分。

③对编排（内容、结构、布局）的评分。

（三）对难度动作的评分

难度动作是竞技武术套路发展的必然产物。设置它的目的在于增加竞技武术套路的可比性和裁判员评分的区分度。比赛过程中，运动员完成难度（包括连接难度）动作的质量，直接影响其比赛成绩和名次。因此，评判难度动作首先要熟悉难度动作的规格要求，熟悉完成难度动作过程中常见的错误与扣分要点。善于总结评判经验，眼明手快地对难度动作进行准确评分。

（四）对其他错误的扣分

其他错误扣分是指裁判员对比赛中运动员完成动作技术时出现失误的扣分。自选套路、其他拳术、器械、对练项目、集体项目都有相应的"其他错误内容及扣分标准"。裁判员应将规定的扣分内容和相应的扣分分值熟记在心，评分过程中做到熟练执行，按"其他错误"出现一次扣一次分的要求，将扣分点及时记入评分表中。一个动作同时出现两种以上错误时，应累计扣分。

有任何异议，均须遵照仲裁条例进行处理。

第三节　幼儿武术比赛场地及服装

一、武术比赛场地的尺寸要求

武术个人项目和对练项目的竞赛场地尺寸为长 14 米、宽 8 米，场地四周内沿应标明 5 厘米宽的白色边线，在场地的两长边中间各做一条长 30 厘米、宽 50 厘米的中线标记，场地的长和宽均由边线的外沿开始计算。场地周围至少有 2 米宽的安全区域。集体项目的竞赛场地尺寸为长 16 米、宽 14

米，场地四周内沿应标明 5 厘米宽的白色边线，场地的长和宽均由边线的外沿开始计算。场地周围至少有 1 米宽的安全区域。比赛场地从地面量起，至少有 8 米的无障碍空间。两个比赛场地之间的距离在 6 米以上。

二、武术比赛场地的设施条件

根据幼儿的发展水平和发展特点，幼儿武术比赛场地的布置应该具有童趣，画面感强。

通风：场地要有良好的自然通风，空气对流，干燥。室内空气质量好，通风口不能被高大建筑遮挡，必要时采取空气对流措施。

地面：地面要用柔软性物质铺设，保证幼儿安全。

用电及照明：电插座应采用安全型插座，距离地面不低于 1.8 米，照明开关距离地面不低于 1.4 米，室内照明采用带保护罩的照明灯具。动力电源与照明电源分开铺设和控制，不得混用。

安全防护：室内阳角、方柱及窗台做成小圆角，用柔软物做软包处理，避免给幼儿造成意外伤害。

三、武术服装的选择

①比赛时，必须穿规定的服装。

②服装上不得有多余的附带物。

③鞋子为武术鞋或运动鞋，且尽量选择合体的武术服，不要选择太过宽松或紧身的武术服。太大的武术服容易挂到突出物上面，太窄小的武术服不利于幼儿的身体发育。由于幼儿的活动量比较大，不合体的武术服不利于幼儿的活动，会限制幼儿运动水平的发展。

④不要选择带有抽绳的武术服，幼儿之间打闹时可能会互相扯拽，引发窒息等风险。

⑤不要选择有亮片、小珠子、小钻石等饰物的武术服。幼儿对这些东西都很感兴趣，他们可能会把这些小饰物抠下来后放进嘴里、鼻孔里、耳朵里等，这些饰物大多体积较小，不容易被发现，可能会造成比较严重的后果。

⑥武术服的上衣或者裤子不能过长，否则幼儿行动很不方便，也很容易被其他幼儿踩到后绊倒，上厕所时也很容易弄湿。裤子如果过长可以将裤脚挽起来，长度以刚好盖住脚踝即可。

⑦尽量选择舒适柔软、纯棉面料的武术服。带有颜色的衣物，并不是不脱色的就好，由于国际标准对于固色剂的使用量有严格的要求，因此一些符合标准的武术服反而会有一定的脱色现象。

第四节　幼儿武术常见运动损伤预防与处理

武术运动的特点之一就是刚劲有力、快速制动、节奏鲜明，无论是竞技还是健身都有一定的强度。武术是以技击为主要内容，以套路和搏斗为运动形式且注重内外兼修的中国传统体育项目。在武术学习中经常要做一些压腿、踢腿、劈叉以及各种翻滚跳跃动作，因此很容易造成挫伤、拉伤、碰伤等运动损伤，也可能会发生一些重大的安全事故，轻者影响学习，重者可能造成残疾，甚至危及生命，为学校、学生、家庭带来不必要的损失。因此，了解武术运动损伤产生的主要原因、受伤部位、预防方法和处置方法是十分必要的。由于武术运动中，跳跃、翻腾动作是造成损伤的主要原因，受伤的主要部位是下肢和腰部，其次如压腿、踢腿、劈叉、做盘、腰功、下蹲、器械、对练等也是造成武术运动损伤的主要因素。武术讲究快速有力，节奏鲜明，要求练习者进行大量的跳跃制动，各个关节肌肉的运动幅度、频率比较大和快，因此，如果训练中出现训练水平不合适，训练内容安排不当，以及运动员生理、心理状态不佳的情况就容易造成运动损伤。发生运动损伤不仅影响幼儿正常的学习、生活，而且对武术运动的顺利开展也会产生阻碍。本节主要分析武术运动中常见损伤产生的原因，并提出相应的预防措施与治疗方法。

一、武术运动常见损伤

（一）踝关节扭伤

1. 原因

踝关节扭伤的原因包括运动前准备活动不充分，踝关节韧带的伸展性和弹性较差；脚着地技术不正确；跳起落地时身体失去平衡，以及场地不平等。

2. 症状

踝关节局部疼痛，迅速肿胀并逐渐延及踝关节前部，局部皮下淤血；跛行。

3. 治疗

扭伤后，立即停止运动，并用拇指压迫止血，检查韧带是否完全断裂。12小时内可用水袋湿敷，加压包扎，防止毛细血管扩张继续出血，抬高患肢。24小时后，根据伤情可选用伤药外敷、理疗、针灸、按摩、药物痛点注射及支持带固定等。及早进行踝关节功能练习，如踝关节抗阻力活动、沙地上慢跑等，以加速踝关节的功能恢复。如果韧带完全断裂，就应急救固定并送医院做进一步治疗。

4. 预防措施

运动前要做好准备活动，尤其是充分活动开踝关节周围韧带，提高关节灵活性；加强踝部周围韧带肌肉的锻炼，多进行提踵跳及负重提踵练习，提高关节的力量和弹性；在跑跳练习中，强调脚掌着地的正确技术；身体处于疲劳和不良状态时，避免高难度动作的练习，减轻运动负荷。

（二）胫骨疲劳性骨膜炎

1. 原因

导致胫骨疲劳性骨膜炎的原因包括长时间在水泥地上或其他较硬的场地上运动；运动中落地缓冲技术掌握得不好或屈肌群过度疲劳；运动量猛

增,跑跳练习过于集中,运动时间过长,使小腿受到较大的反作用力;出汗过多。

2. 症状

轻者在训练后局部出现疼痛,大运动量训练后疼痛加剧;重者行走或不运动时疼痛,局部软组织有轻度凹陷水肿,早期可有皮肤发红,触之有轻度烧热感。

3. 治疗

穴位按摩,取坐位姿势,由下至上、由轻至重两腿交替进行,每天20分钟。选取承山、昆仑、足三里、阳陵泉、太溪等穴位,重点在小腿部承山、阳陵泉、足三里穴进行揉捏、按压、点穴。用温水浸浴配合按摩治疗,疼痛剧烈者在休息时要抬高患肢,缓解症状。

4. 预防措施

要合理安排运动负荷,注意改进训练方法,避免局部负荷过度,尤其是初参加训练的运动员,更不要过于集中地进行跨步跑、后蹬跑、高抬腿跑或跳跃练习等;正确掌握跑跳技术,注意动作的放松和落地的缓冲;要避免在过硬的场地上进行跑跳练习;做好准备活动;防止运动后受凉;采用热敷或热水浴、按摩等方法及时消除小腿肌肉疲劳。训练前应充分做好准备活动,提高身体应激状态,使身体发热,减少肌肉黏滞性,克服惰性,对易损伤的小腿胫腓骨进行重点搓揉活动。要穿着弹性较好的鞋子,以减轻因身体重力落下而造成的震动。炎症早期要调整运动量,减少局部负荷运动时间,减小运动强度。

(三)髌骨劳损

1. 原因

髌骨劳损的原因是跑跳动作过多,以及各种腿部的腿法都需要膝关节反复运动,造成膝关节长期处在高强度的运动中,这样细微的损伤就慢慢积累。也可由局部遭受一次撞击和牵扯导致,尤其是膝关节处于半蹲位置时,韧带松弛,髌骨的张腱膜和髌韧带所受的牵拉张力及髌骨、股骨相应关节面间所承受的挤压力都较大，若半蹲位时起跳发力或屈伸扭转，作用力超过组织的生理负荷，就会影响局部代谢，导致细胞的变性和坏死，从而引起纤维出血、变性、增生等一系列病理改变。

2. 症状

早期或轻者在大运动量训练后感到膝痛和膝软，休息后症状缓解；随着病变的进展，疼痛逐渐加重，准备活动后症状减轻，训练结束后又加重。重者走路和静坐时也痛，髌骨尖、髌骨周缘有压迫痛，膝关节伸膝至110°～150°之间疼痛明显。

3. 治疗

直抬腿法、髌骨抽动法、登台阶法、高位静立半蹲法等，都对髌骨劳损有一定的治疗效果。另外，可采用理疗、针灸、中药渗透药外敷或直流电导入、按摩等。若长期保守治疗无效，症状加重的髌骨软骨患病者就应手术治疗。

4. 预防措施

合理安排运动量，避免局部负荷过大；加强下肢肌肉力量的训练，尤其是股四头肌的力量训练；每次训练后，做单足半蹲试验，以便及早发现症状，及时治疗；训练后要擦干汗水，注意保暖，防止风寒侵袭，采用热水浴、按摩等消除局部疲劳。

（四）肌肉的拉伤

1. 原因

在完成各种动作时，由于肌肉主动地猛烈收缩或伸展，其力度超过了肌肉本身所能承受的范围，可发生主动或被动性肌肉拉伤。

2. 症状

肌肉拉伤后局部疼痛、压痛、肿胀，肌肉紧张、发硬、痉挛，产生功能障碍，当受伤肌肉主动收缩或伸展时疼痛加重。

3. 治疗

早期：冷敷、加压包扎、抬高伤部。适当制动，消肿、镇痛、减轻炎症。

中期：症状较轻者在伤后 21 小时，可采用外敷伤药、理疗、药物痛点注射、按摩等，加速肌肉的再生修复。

后期：增强和恢复肌肉的功能，以按摩、理疗、功能锻炼为主，再适当配以药物治疗（外敷药或熏洗药）。

4. 预防措施

充分做好准备活动；加强易伤部位肌群的韧性及力量的训练；被动牵拉肌肉的各种练习，必须注意循序渐进。

（五）膝关节半月板损伤

1. 原因

膝关节在屈位时突然旋转，屈伸外力时半月板活动的顺应性破坏，易被卡入胫股关节之间，使半月板受到扭转、挤压、碾磨合力而发生撕裂伤。内侧半月板损伤多发生于膝关节半屈、小腿固定位时，突然伸膝扭转，使内侧半月板向膝中央和后侧移位，受到挤压、碾磨而致伤。同理，股骨髁因外力突然外旋伸直时，则易发生外侧半月板破裂。膝关节半月板损伤常伴有侧融韧带、交叉韧带、关节软骨损伤。膝关节半月板损伤常是多次损伤的结果，一次性损伤往往由膝关节韧带断裂严重造成。

2. 症状

膝关节半月板损伤的典型症状是股四头肌萎缩、上下楼梯时膝关节痛、膝关节肿胀，膝关节肌有明显压痛。

3. 治疗

休息：受伤部位至少休息 24～48 小时，不要活动。

冷敷：受伤区域可用冰块或冰袋冷敷，皮肤与冰块之间可隔一毛巾，每次敷 15 分钟以免冻伤，或用毛巾浸湿冷水，稍挤出过多的水，折叠成块状敷于伤处 20～30 分钟，每天 6～8 次。若有专用冷冻镇痛喷雾剂可直接喷于伤处形成薄层液体即可。

压迫：可用布带、布条、毛巾或绷带稍用力加压包扎受伤处，不要太紧，以免导致神经受压和血液回流障碍。

抬高：无论是坐着还是躺着，都应将受伤区域置于枕上抬高，增加患处的血液回流，减轻肿胀，一般需要受伤肢体高于心脏平面。

4. 预防措施

增加关节、肌肉力量练习，特别要加强对弱侧关节的训练，提高关节灵活性练习的质量。认真做好准备活动，特别是专项训练的辅助练习，寒冷天气更要活动开关节，避免运动损伤。此外，正确而及时的现场急救处理可以达到延缓病程、减轻痛苦、减少残疾和并发症以及挽救生命的目的。应遵循的原则是保护受伤肢体，以免再伤。

二、幼儿武术运动损伤预防措施

武术是深受广大群众喜爱的运动项目，为避免武术运动中常见的损伤，应采用科学的训练和正确的预防措施，以达到安全运动的目的。

①提高防止运动损伤的意识，把安全教育贯穿整个训练和比赛。平时教练员（教师）多与运动员进行交流，掌握必要的运动损伤知识，并在运动损伤发生后能分析损伤的原因，采取正确处理措施。

②做好充分的准备活动。准备活动的内容和量应根据训练和比赛内容，以及运动员个体情况和气候条件而定。准备活动要有针对性，专业性要强。做完一般性准备活动后，应做与该训练课（或比赛）主要内容相似的专项准备活动。研究表明，准备活动结束后与正式运动间隔的时间以 1～4 分钟为宜。准备活动的时间和程度分别控制在 20 分钟左右，或身体发热、微微出汗时为好。

③坚持循序渐进的训练原则，不同时期、不同对象要采用不同的训练内容、训练方法，尤其是受伤部位的伤后恢复训练要合理，防止再次受伤。

④教练员（教师）要提高业务水平，提升业务知识，加强业务学习。教

练员应认真制定训练计划，充分了解每次训练内容中有哪些技术动作不易掌握，哪些技术动作容易造成损伤，做到心中有数，事先采取预防措施。

⑤做好放松活动。正确及时的放松是防止出现运动损伤的有效方式。

⑥提高医务人员的业务水平，对训练比赛中发生的损伤要正确治疗。医务人员平时应多给教练员（教师）、运动员开展安全教育，及时调整运动员的心理及生理状况。运动员也应定期进行体检，在大型比赛前应进行补充检查，禁止带病或体检不合格者参加比赛。伤病初愈进行恢复训练时，应尊重医生意见。

参考文献

[1] 崔龙. 兰州市区幼儿武术发展现状及对策研究 [D]. 兰州：西北民族大学，2015.

[2] 杜聪丽. 幼儿武术教学过程中需注意的几个问题 [J]. 俪人（教师版），2015（18）：198.

[3] 方萍. 幼儿园教学活动选材的三个原则 [J]. 湖北教育（教育教学），2013（3）：52.

[4] 高谊，姚树贵. 中国舞狮 [M]. 天津：南开大学出版社，2007.

[5] 郭剑华. 幼儿体育舞蹈 [M]. 长春：吉林大学出版社，2013.

[6] 韩云鹏，蒙祖敏. 新时代幼儿武术兵道教育价值与路径研究 [J]. 运动精品，2023，42（6）：82-83，87.

[7] 黄晓辉. 少儿武术的教学与训练方法 [J]. 广东教育（教研版），2007（2）：36-37.

[8] 李竑，李立. 少儿武术教学与训练中应注意的若干问题 [J]. 体育师友，2012（1）：28-30.

[9] 李文玥. 幼儿武术操教学的价值与实践研究 [J]. 当代体育科技，2021，11（20）：175-177.

[10] 林慧明，汪晓阳. 山西省3—6岁幼儿身体素质发展规律对幼儿武术教学的启示 [J]. 搏击（武术科学），2010（12）：75-76，82.

[11] 林梅军. 幼儿园开展武术活动的可行性探究 [J]. 教师博览，2020（2）：78-79.

[12] 陆克俭. 创意幼儿体能活动大全（3—4岁）[M]. 南京：江苏教育出版社，2011.

[13] 王歧富，刘勇. 幼儿轮滑 [M]. 长沙：湖南师范大学出版社，2017.

[14] 王天明. 幼儿武术教育之我见 [J]. 中国武术（研究），2014，3（10）：38-42.

[15] 温力. 中国武术概论 [M]. 北京：人民体育出版社，2005.

[16] 吴瑶. 幼儿园武术教学内容体系的构建研究 [D]. 北京：北京体育大学，2013.

[17] 徐义添. 3—6岁幼儿武术操教学内容体系的构建研究 [D]. 成都：成都体育学院，2020.

[18] 闫晶，陈静. 学前儿童体育 [M]. 长春：吉林大学出版社，2014.

[19] 杨延秋. 幼儿基本体操教程 [M]. 上海：复旦大学出版社，2017.

[20] 伊霞. 幼儿园中国武术教学的现状、问题及对策——以济南市十所幼儿园为例 [D]. 济南：山东师范大学，2017.

[21] 周活新. 新时代少儿武术教学与训练策略研究 [J]. 体育师友，2019，42（2）：8-10.